風響社 あじあブックス④

東南アジア上座部仏教への招待

和田理寛・小島敬裕・大坪加奈子
増原善之・下條尚志・杉本良男
著

風響社

1　仏像（カンボジア）

2　クメール正月（カンボジア）

3　カティナ衣奉献祭／戒壇に参集し僧衣を献上する（カンボジア）

4　女性修行者ドーンチー（カンボジア）

5　戒壇（カンボジア）

6　僧の出家式（タイ）

7　出安居（タイ）

8　旧王立寺院　マイ寺（ラオス）

9　ハノイで刊行されたパーリ語教科書を用いて講義する僧／壁にはクメール語とベトナム語で仏教的な訓辞が書かれる（ベトナム南部メコンデルタ）

10　在家者宅に出家者を招く（ミャンマー）

11　仏像（ミャンマー）

12　寺を参拝する子ども／
右上はインド菩提樹の葉（ミャンマー）

13　仏塔祭り（ミャンマー）

14　女性修行者ティーラシン（ミャンマー）

15　仏像奉納祭ポイ・パーラー（徳宏）

16　仏教書を筆写するホールー（徳宏）

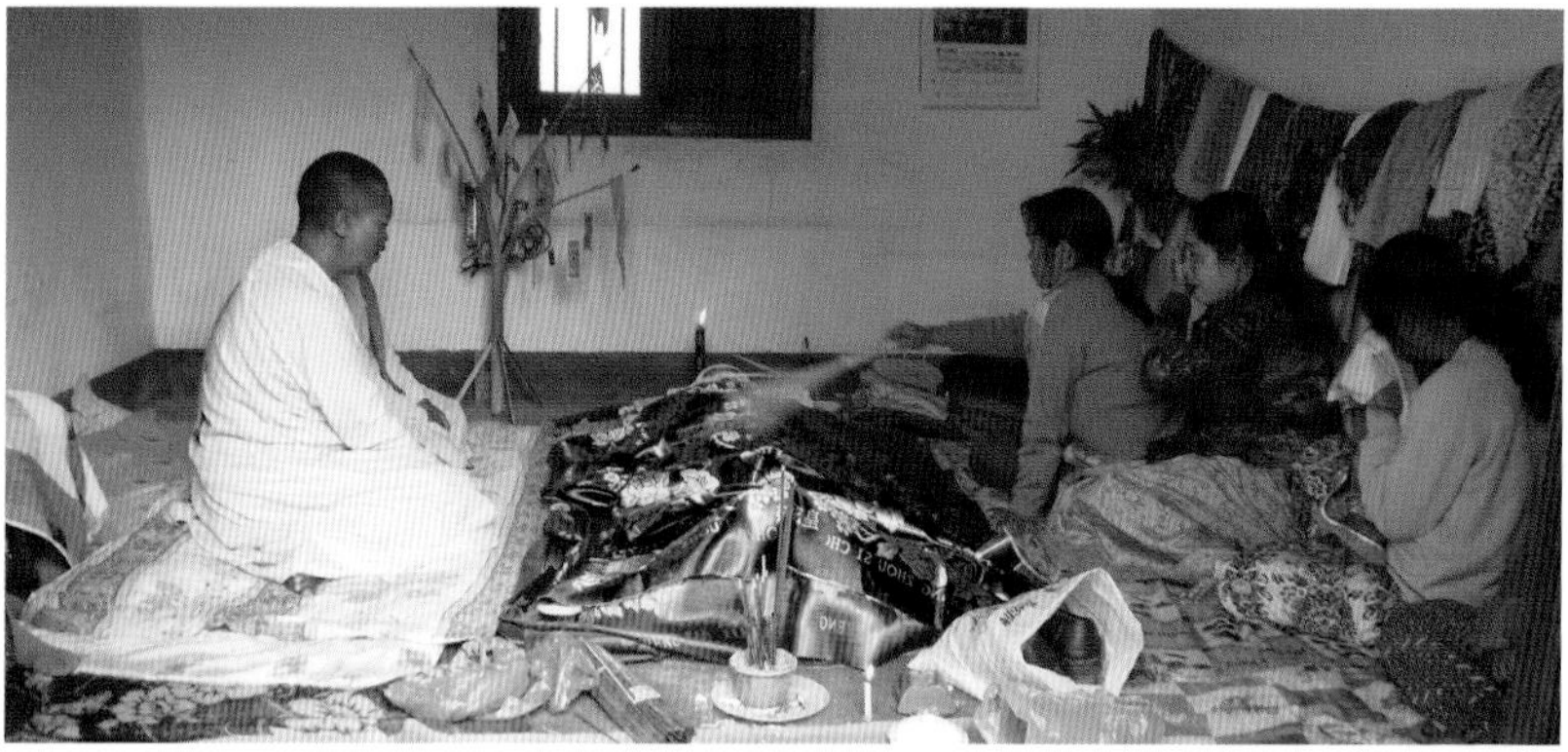

17　死者に対して経を唱える女性修行者ラーイハーウ（徳宏）

18　徳宏タイ文字とシャン文字、漢字が併記された寺院の表示（徳宏）

はじめに

和田理寛

上座部仏教《じょうざぶぶっきょう》とは何か[1]。東南アジアの僧（お坊さん）は、日本の僧とどう異なるのか。上座部仏教徒はいつお寺に行き、どのように僧と接しているのだろうか。この本はそんな素朴な疑問に答えていきたい。

仏教を研究する方法は大きく二つある。ひとつは仏典を紐解きながら、ブッダの教えやその歴史的展開に迫るものである（この本で断りなく「ブッダ」と呼ぶときは仏教を始めたゴータマ・ブッダを指す）。もうひとつは現在の仏教徒たちが実際にどんな仏教を行っているかを明らかにする研究である。この本は後者のスタイルを用いて東南アジアの人々に実践されている上座部仏教の姿を伝えたい。

さて、上座部仏教は日本の仏教と違うのだろうか。

二〇一九年、タイの女子大生がウルトラマンとブッダを合成した美術作品を地方都市の大型ショッピングモールの展示として発表した。するとこれが仏教冒瀆《ぼうとく》にあたると反感を招き、ちょっとした騒動になった。思えば日本でも二〇〇八年に「せんとくん」（現・奈良県マスコットキャラクター）をめぐって同じような反発の声があがったが、せんとくんは最終的にそうした一部仏教界の批判を振り切り、今も活躍中である。これとは対照的に、このウルトラマン×ブッダの絵を創作した女子大生は、結局、高僧（偉いお坊さん）への謝罪に追い込まれた。なかには女子大生

図1　僧や仏像に向けた五体投地の礼
出典：タイ仏教庁〈https://www.onab.go.th/th/content/category/detail/id/80/iid/3984〉

に同情する僧や、これを芸術として評価する人々もあり、最終的にオークションを経て同作品は高額で購入されたのだが、それでも彼女は批判の声を無視することができなかったことになる。謝罪には副学長や県知事まで同席し、お偉方に囲まれて涙声で釈明する女子大生の姿は、私たち外国人からすれば行き過ぎにもみえる。これを表現の自由と宗教をめぐる議論として展開することもできるが、それはさておき、この事件はタイ社会にとってのブッダの在り方、つまりブッダとは不可侵かつ神聖な存在だという考えが根強いことを改めて確認する機会となった。

この女子大生が高僧に謝罪する写真がネットに広まると、日本ではこれを「土下座」と表現するブログや報道が一部にみられた。だが、もし土下座そのものを謝罪と捉えるならそれは誤解だろう。上座部仏教徒の社会では、民衆が僧に面会するとき、地面に座り合掌したあと、掌《てのひら》とおでこを三度地面につける「五体投地《ごたいとうち》」（両膝、両掌、額の五つ）の礼拝が一般的である（図1）。民衆や僧は仏像に対しても同様の五体投地を行う。つまり、女子大生の五体投地の姿そのものに謝罪の意味はなく、これは僧に対する日常的な挨拶に過ぎない。日本からみると大それた挨拶だと思うかも知れない。だが、上座部仏教徒の間では、ブッダだけでなく、生身の僧もまた、民衆から手を合わせて拝まれる神聖な存在と見なされている。ある日本の方は、タイの仏教寺院で観光客として列に並んでいたとき、仏教僧がそれを飛び越して先に案内されるのを目撃し、まるで特権階級のように感じたという。また、私たちがミャンマーやタイで路線バスに乗れば、高齢者や妊婦だけでなく、仏教僧にも席を譲るよう案内があったり、優先座席が設けられていたりするのに気が付くだろう。タイでは首都の高層ビルの谷間を走る高架鉄道（BTS）の車両や、外国人が行き交うスワンナプーム国際空港の搭乗口にも同様の優先座席を見ることができる（写真1）。

もちろん僧といっても国中で広く尊敬を集める高僧や、村の仏教の支柱である住職（寺院の長）もいれば、なかには生臭《なまぐさ》坊主だっている。[2] しかし「どんな僧であっても敬意を払わなければならない」という価値観が社会に染み透っている。なぜ民衆は僧を尊敬するのか。

本書ではこうした上座部仏教の基本について社会との関わりのなかから学んでいきたい。他人の信仰とはいえ、友人やビジネス・パートナーとして私たちが上座部仏教徒と付き合っていくのであれば、きっと何かの役に立つと思う。

また、一般の上座部仏教徒と関わることはあっても、仏教僧が普段どのような生活を送っているか実際に目にする機会は限られているだろう。そのため、本書では、執筆者の一人（日本人）が実際に出家したときの体験を載せることにした（第二章）。この体験記では、寺院の日課を描くとともに、出家を通した東南アジアの人々との繋がりについても触れている。

さて、上座部仏教はどのような地域で実践されているのだろうか。東南アジアの大陸部には五つの国がある。[3] そのなかで、ベトナムを除いたカンボジア、タイ、ラオス、ミャンマーの四か国は、上座部仏教徒が住民の多数派を占めているという意味で「上座部仏教国」である。そして、その考え方や実践については、国や地域をまたいで共通する部分が多くみられる。本書の第一章ではこうした共通点に焦点をあてたい。

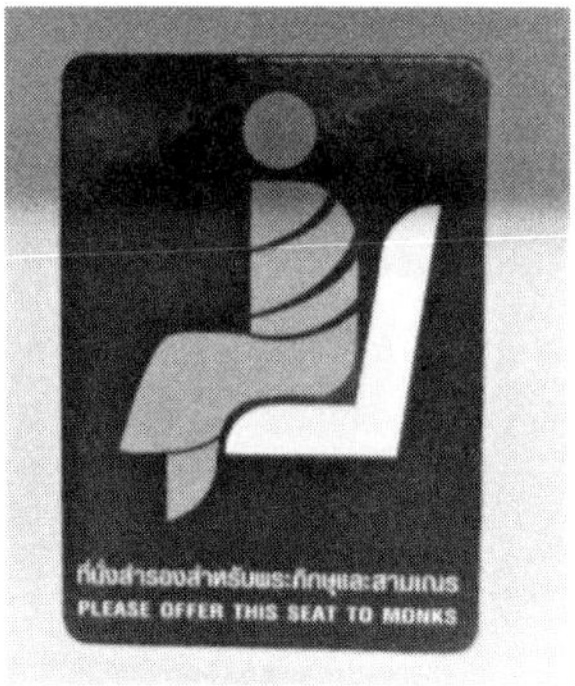

写真1　出家者（僧と見習僧）優先座席の案内（バンコクの高架鉄道車内にて）［筆者撮影］

一方、同じ上座部仏教圏内でも、各地に足を運べば国や地域の違いを感じることが少なくない。例えば、民衆がお寺や仏塔《ぶっとう》を訪れたとき、タイでは建物の外なら靴を脱がないのに対し、ミャンマーは門をくぐったところから靴を脱いで屋外の砂利や熱いタイルの上でも裸足で歩いている。小さな違いとはいえ、タイの人がもし普段の習慣でうっかり靴を脱ぐのを忘れてしまえば異文化摩擦に繋がりかねない。実際、ミャンマーでは、かつてイギリスの植民地支配を受けていた時代、イギリス人が土足のまま仏塔境内を歩き回ったことが、現地仏教徒の反感を買い、反英運動の呼び水となったことがある。反対にミャンマーでは自動車やバイクを運転する出家者も一部にいるが、この行為はタイでは御法度である。他にも国や地域によって、仏像の形象、仏塔信仰の在り方、仏典に用いる文字や発音方法など様々な差異を目にすることができる。また、数百年の歴史のなかで上座部仏教は王権と密接な関係を築いてきたが、これを今も継承するタイ、カンボジアと、既に王室を廃したミャンマー、ラオスとの違いもある。私たち執筆者にとっては、こうした上座部仏教をめぐる考え方や行いの違いが、自分の調査地の常識を覆す異文化体験として新鮮で楽しい。本書の第三章以降では、こうした各国各地域の仏教について、その同異を意識しながら明らかにしていきたい。

また本書では、上座部仏教国である四か国以外に、中国雲南省の徳宏《ドゥーホン》、そしてベトナム南部のメコンデルタ(4)という二つの地域について個別の章を設けた。徳宏のタイ系民族の村では上座部仏教が信仰・実践されており、東南アジアとも文化的な連続性をもっている。ただし、他の地域と大きく異なり、この徳宏には僧の住んでいないお寺が少なくない。仏教僧なしにどうやって仏教儀礼を行っているのか。関心のある人は第七章を読んでみてほしい。

ベトナムは中国文化圏の影響を受けてきたため大乗仏教のお寺が多い(5)。ところが南部に足をのばせば、数は少ないが、上座部仏教の寺院も点在している。こうした寺院を支えるのはどのような人たちか。第八章では、大乗仏教世界と上座部仏教世界とが隣り合い、また重なり合うメコンデルタの一面を浮かび上がらせる。

さらに、上座部仏教を考えるうえで外せないのがスリランカである。かつて東南アジア大陸部はスリランカ経由で上座部仏教を受容したと考えられており、いわばスリランカは先輩だ。また、一八～一九世紀、スリランカから仏教僧が減ったりいなくなったりしたときは、タイやミャンマーが困った先輩を助けたこともあった。本書では、巻末の特別コラムにてスリランカの上座部仏教を取り上げる。南アジアに位置するスリランカと、地理的に隔たった東南アジアについては、その歴史的な交流はもちろん、上座部仏教をめぐる両者の比較もまた、カースト制の有無など社会構造上の違いもあって興味深い。本書は東南アジアに主眼を置くため、スリランカには必ずしも十分な紙幅を割くことができなかったが、特別コラムをヒントに、地域を超えた関心の広がりへとつながることを期待したい。

それでは東南アジア大陸部とその周辺に広がる上座部仏教の世界をのぞいてみよう。

注

（1）本書での「上座部仏教」は、現在、主に東南アジア大陸部とスリランカにて広く信仰・実践されている仏教を指す。「上座仏教」「南伝仏教」「南方仏教」「テーラワーダ仏教」などとも呼ばれる（学術的にどれが良いか定まっていない）。本書では「上座部仏教」に表記を統一する。「上座部」の意味については本書第一章二節三項「出家生活は誰のためか?」を参照。

（2）ただし、生臭といっても上座部仏教の僧の場合は、肉や魚を食べても問題なく、実際に食べていることが多い。ここでの生臭坊主は単に堕落した僧という意味で使っている。

（3）東南アジア（一一か国）は、大陸部と島嶼《とうしょ》部の大きく二つに分けられる。島嶼部にはムスリムやキリスト教徒が多数派を占める国が多い。

（4）メコンデルタとは、六か国を貫く大河メコンが、その下流域にて形成する巨大なデルタ（三角州）のこと。カンボジア首都プノンペンから、河口のあるベトナム南部までを含む。世界最大の米生産地の一つでもある。本書の地図1では、「ソクチャン」がこのメコンデルタの一地域にあたる。

（5）上座部仏教と大乗仏教の主な違いについては、本書の第一章二節三項を参照。

上座部仏教徒が多数派を占める国の宗教別人口（カッコ内は各国総人口における割合）

	仏教	イスラーム	キリスト教	ヒンドゥー教	その他	統計年
ミャンマー	4518万5449 （87.8%）	223万7495 （4.3%）	317万2479 （6.2%）	25万2763 （0.5%）	63万8067 （1.1%）	2014
タイ	6174万6429 （93.6%）	325万9340 （4.9%）	78万9376 （1.2%）	4万1808 （0.1%）	14万4706 （0.2%）	2010
ラオス	420万1993 （64.7%）	1605 （0.0%）	11万2230 （1.7%）		217万6400 （33.5%）	2015
カンボジア	1509万6757 （97.1%）	31万7649 （2.0%）	4万9160 （0.3%）		8万8645 （0.6%）	2019
スリランカ	1427万2056 （70.1%）	196万7523 （9.7%）	155万2161 （7.6%）	256万1299 （12.6%）	6400 （0.0%）	2012

出典）各国の国勢調査結果より作成
注1）「仏教」のほとんどは上座部仏教徒だが一部大乗仏教徒を含む
注2）「その他」にはその他宗教（アニミズムやシクなど）のほか無宗教と不明を含む
注3）ミャンマーは未列挙の推定値（120万6353人）を含む
注4）ラオスとカンボジアは「ヒンドゥー教」の人口数値なし（「その他」に含む）

目次

装丁＝オーバードライブ・前田幸江

●東南アジア上座部仏教への招待

地図1　東南アジア大陸部とその周辺地域（白地図専門店の地図を基に作成）

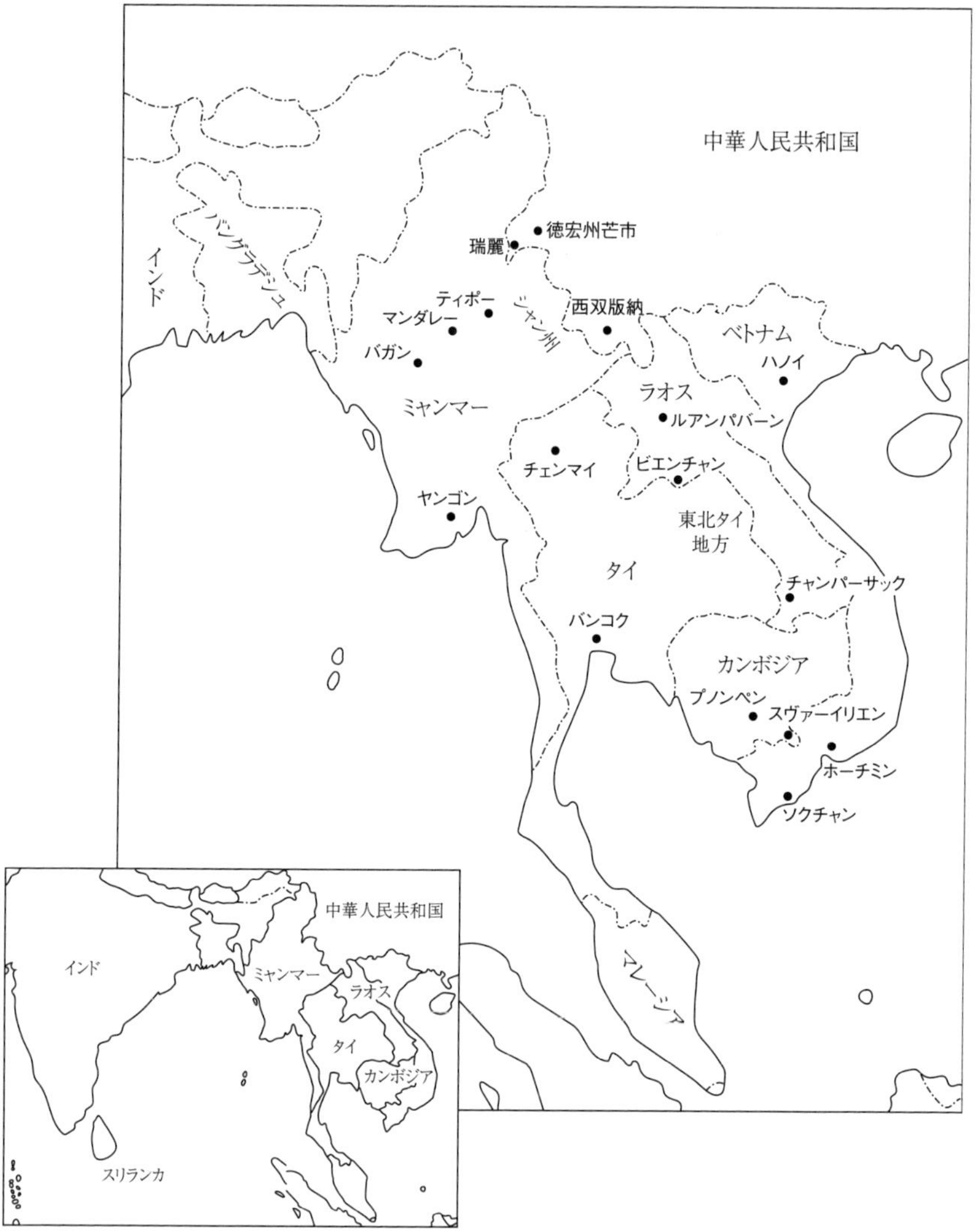

第一章　上座部仏教徒の社会とは何か

和田理寛

上座部仏教徒社会の特徴をつかむためには、まず「出家者《しゅっけしゃ》の仏教」と「在家者《ざいけしゃ》の仏教」を区別して考えるのが分かりやすい。

「出家者」とは、家を出て寺院で集団生活を送る修行者、つまり僧のことである。これに対し、出家者ではない普通の人々を「在家者」（俗人《ぞくじん》とも）という。

後述するように、出家者は結婚することも酒を飲むことも禁じられており、世俗《せぞく》（在家者の生活する一般社会）を離れた世界を生きている。では在家者は宗教に関係のない生活を送っているのかというと、そんなことはない。在家者は、出家者とは異なる形で仏教を実践している。この二重構造は「二つの仏教」と説明されることもある［石井一九九一］。

本章ではまず在家者、次に出家者の仏教についてとりあげる。加えて仏教行事と仏像に関する節を設けた。これら四つの項目を通して、上座部仏教と日本の仏教はどこがどう同じで、どう異なるのか考えるきっかけになればと思う。

一　在家者の仏教

1　なぜ東南アジア大陸部の上座部仏教は活気があるのか？

早朝、うつむき加減の出家者が数名で列になり村や町のなかを足早に歩いていく。会話はなく、手には鉢を抱き、足下は裸足である。民家の戸口前に立つ在家者に気がつくと、出家者は足を止め、在家者から炊いた白米や惣菜などの寄進を受ける。多くは在家者と言葉を交わすこともなく、足早に立ち去る。どの上座部仏教徒社会でも毎朝繰り返される托鉢《たくはつ》（乞食《こつじき》とも）の風景である(1)（写真1―1）。

上座部仏教の出家者は、農業や商業に従事しないことになっている。つまり、生活のために働くことはない。そのため、日々の食事も在家者からの寄進に頼っている。世俗を離れて暮らす出家者であるが、在家者の支援なしには生命を維持することすらままならない(2)。

この托鉢は私たちにとって少し分かりにくいかもしれない。出家者の鉢のなかに炊いた米を入れ終わると、在家者はしゃがみ込んでありがたそうに手を合わせている。一方、寄進を受けた出家者は、腕の鉢のあたりに視線をおいたままであり、朝暗いうちから食事を用意してくれた在家者に会釈も合掌もせず礼も述べない(3)。さすがにこれでは在家者は人が良すぎないか。何の得があって篤信《とくしん》の在家者は出家者につくすのか。

実は在家者も得をしている。正しくは「得」ではなく、「徳《とく》」（功徳《くどく》とも）をえている。功徳をえるための行為は「徳を積む」あるいは積徳や積徳行と呼ぶ（積徳の読みは「せきとく」ないし「しゃくとく」）。日本でも同じ考えはあるが、上座部仏教徒の社会では民衆の積徳に注ぐ熱意が現代日本の比ではないほど大きい。この熱意こそ、なぜ上座部仏教に活気があるのかを説明するひとつの鍵である。

在家者の求める功徳、それは第一に出家者の修行を支えることでえられる。また後述のように、自分自身が正しい生活を送ることや、困っている他人を助けることなども積徳として説明される。

ではなぜ民衆は積徳に励むのか。これは多くの徳を積むことで、今の人生や来世の幸福が保証されると考えるからである。幸せの内容は、例えば、金持ちになりたい、良縁や子宝に恵まれたい、人間関係のいざこざに巻き込まれたくない、地位や権力を手にしたい、身も心も健康でありたい、美男美女になりたい、音楽家やスポーツ選手になりたいなど基本的には何でもよい。つまり人間らしい欲望に忠実であって構わない。出家者の場合はこうした欲を絶つことを目指して修行するが、在家者はある意味、欲望丸出しでも仏教徒として正しい行為ができる仕組みになっている。幸福をつかむために功徳を積めば良いのだから、一部の民衆が日々積徳に膨大なエネルギーを注ぎ、その結果、仏教が活気づいているのは当然だ。

しかし、幸せを願うなら、日本のように神仏に手を合わせれば十分ではないか、と思った人もいるかも知れない。幸福を求める人の心が、必ずしも出家者への支援に向かわなくても良いはずだ。ではなぜ上座部仏教徒にとっては、こうした幸せの追求が、例えば朝早起きして出家者に食事を献じるといった行為に結びつくのだろうか。

写真 1-1　朝の托鉢（中部タイ）

これは業法《ごっぽう》と輪廻《りんね》転生《てんしょう》という二つの思想が積徳行を支えているからである。これらは日本でもなじみ深いが、上座部仏教徒社会では人々の行動により大きな影響を及ぼしている。

業報は、良い行い（善行《ぜんこう》）をすれば幸せになるが、反対に悪い行い（悪行《あくぎょう》）をすればその報《むく》いが自分に返ってくる、とする考え方である。因果《いんが》応報《おうほう》や自業自得と同じだ。上座部仏教徒の間では、こ

写真 1-2　タイの巨大餓鬼像。出典：椋橋彩香、TABIZINE

れが人々の行為の指針として根を下ろしている。そのため、もっと幸せになりたい、目前の苦しみから逃れたいと思ったとき、神仏に祈りを捧げるだけでは十分でない。運命は神や仏の手にゆだねられていない。全ては自分自身の行い次第だととらえるのが業報思想である。私を救えるのは私だけなので、自力救済の思想ともいわれる。

輪廻転生は、死んだらまた生まれ変わるとするインドに古くからある考えである。人生のなかで良い行いを重ねてきた者は死後、天界（神々の世界）に生まれると仏教では考える。[4] または天界は無理でも、次のレベルである人間として生まれ変わる。しかし、欲深い人生を送ると来世は餓鬼《がき》に生まれる[5]（写真1―2）。餓鬼とは欲をみたすことができないかわいそうな存在である。また、悪い行いを重ねた者は、来世は畜生（動物や虫けら）として生まれ落ちる。さらなる悪人は地獄におちて、そこで長い時間、餓鬼や畜生よりもっと苦しみながら過ごさなければならない。功徳を積むというのは、いわば良い行いの言い換えであり、この先の人生がより幸運に恵まれますように、そして死んだあとは天界に再生しますように、人間なら裕福で何不自由ない境遇に生まれますように、餓鬼や畜生、地獄には生まれませんようにと良い未来を願って日々とりくむ行為である。

2　多くの功徳を積むにはどうすればよいか？

では、どうすれば在家者は多くの功徳を積めるのか。機会があれば現地社会で質問してみよう。おそらく（1）出家者や仏教を支える行為と、（2）在家者本人が正しく生きることという大きく二つの答えが返ってくるはずだ。

（1）出家者や仏教への支援として定番なのは、寺院（僧院とも）の建立・修復、および出家することだ。タイではきらびやかで立派な寺をよくみかける。外国人目線では古い建物もまた風情があってよいと思うが、現地の人々の間では大きく豪華に新築し功徳を積むことが好まれる場合もあるようだ。タイの行政は古い建造物や内部壁画の保存に注意を払っているものの、地域コミュニティでは、そうした美術的・学術的価値より、新築による積徳を優先することもある。

多くの人が私財を投じて寺院建立に参加したいと望み、そして経済的にそれが可能なら、寺院数は増えていくはずだ。国の統計資料（二〇〇七～二〇一六年）から確認してみよう。この一〇年間にミャンマーは約一〇％、タイとカンボジアは約一五％、寺院数の増加がみられる。[6] ひとつ寺院を建てることは、建築費用はもちろん、建立後もそこを拠点とする出家者の生活や活動を在家者が支えていくことになるため、これだけの増加は驚きだ。

写真 1-3　中部タイの村落寺院の戒壇（布薩堂）。周りには戒壇を定める「結界石」がある。

なお、仏塔信仰の盛んなミャンマーでは、仏塔の建立が多くの功徳をえるとも考えられている。

出家することもまた、出家した本人にとって大きな功徳となる。また、タイでは母親の功徳のために息子が出家することもよくある。後述のように女性は正式な出家ができないので、産み育てた息子の出家を通して母は大きな徳を積む。

そして、積徳の大きさでは寺院建立や出家には及ばないかもしれないが、托鉢の僧に食事を献じることも大事な積徳行である。出家者の生活を支える

写真 1-4　飛行機に乗ってお経を唱えながら、タイ国内のパワースポット 99 ヶ所の上空を飛ぶツアーの広告（タイ国際航空とタイ観光庁共催）。これも積徳になる。出典：Prachachat.net

ことは全て功徳となる。

（2）在家者本人が正しく生きること、これは「五戒《かい》を守る」「八戒を守る」と呼ばれる。五戒というのは、在家者が正しい仏教徒として守るべき生活指針であり、生き物を殺さない、盗まない、よこしまな性関係をもたない（不倫をしない）、嘘をつかない、酒を飲まない、の五つからなる。日常的に意識している篤信家もいれば、生活のなかで殺生や飲酒を避けるのは難しいため特定の日だけ守ろうとする人もいる。ただし、これは努力目標でよいので、人によっては一部しか守らなかったり、全く守っていなかったりと様々である。守れば積徳になる。

八戒（八斎戒《はっさいかい》）は、上記の五戒に、午後食事をしない、歌ったり踊ったり楽器を演奏したりせずまたアクセサリーや香水などを身につけない、高くて大きいベッドで寝ない、の三項が加わったものである。また、五戒の一つ「よこしまな性関係をもたない」が、配偶者との関係をふくめた一切の性行為を避けることにレベルアップする。八戒を守ろうとすると、正午以降は一切食べることができず、また化粧やおしゃれも避けるため、五戒に比べてハードルはかなり高くなる。そのため、特定の日だけ仲間とだったら頑張れそうと考えて、一緒に八戒を守る行事が行われている。この典型が持戒日《じかいび》（布薩日《ふさつび》、仏日《ぶつじつ》、戒律日とも）である。持戒日とは満月、新月、そしてその間に挟まれた二度の半月《はんげつ》の日のことで、一か月に計四回やってくる。この日、篤信の在家者たちは、八戒（人によっては五戒）を守ろうと、白いシャツなどに身を包み、朝から寺院に顔を出す。そして、集まった者同士、経を共に唱えるなどして過ごし、地域によってはそのまま寺院に泊まる。なお寺院で八戒遵守する在家者のほとんどは中高年であり、また傾向として女性が多い。

以上が主な積徳方法であるが、これ以外に困っている他人や動物を助けることなども積徳として受け止められている。「情けは人の為ならず」が当たり前なので、人助けをしたからといって、返礼を期待しないこともある。困っている人に手を差し伸べれば、それは自分の功徳、自分自身のためになる。むしろ上座部仏教徒にとっては、日本社会のようにきっちりお礼を返すことに情熱を傾けるほうが奇妙にみえるかもしれない。

また、放生会《ほうじょうえ》といって、魚やナマズを川に放したり、鳥をかごから空に放ったりすることで、生き物の命を救い功徳を積むという方法がある。日本にも行事としての放生会はあるが、とくにタイでは普段から身近に行われていて、市場に放生会用の生き物が売られていたり、これを家族連れやカップルが買って積徳を楽しんだりしている。カンボジア、ラオス、ミャンマーではタイほどではないにせよ、観光地や有名寺院にいけば目にすることができる。なお、放生会のために魚や鳥を捕まえる商人は悪行にならないのかとタイで聞いてみたことがあるが、そのときは、人々に功徳を積む機会を提供しているのだからむしろ善行だ、という答えであった。

ちなみに現在は放生会の魚として外来種が売られていることも多く、タイの魚類学者から生態系への悪影響を危惧する声があがっている。積徳行と自然破壊の関係は今後どう展開するのだろうか。

3 功徳は分けられる？

例えば、あなたが上座部仏教徒で、老後になってから徳を積めばいいやと、堕落した人生を送ってきたとしよう。ところがうっかり早く死んでしまった。さてどうしよう。そんなときには、残された家族から功徳を送ってもらって、地獄から少しでも早く脱出するという考え方がある。(7)

功徳の転送を「回向《えこう》」という（写真1—5）。日本でも葬儀の場などで聞いたことがあるかもしれない。

写真 1-5　回向（中部タイの寺院にて）。タイ、ラオス、カンボジアでは容器をもたない在家者が、前に座った人の身体や服に触れ、数珠つなぎになることがある。

よく目にする回向としては、在家者たちが僧に食事や物品を寄進したあと、僧の唱える経を聞きながら（地域によっては在家者も一緒に経を唱えながら）小瓶やコップの水を別の容器に垂らすという儀式がある。これにより今積んだ功徳を親族などの故人におすそ分けすることができる。なお「分ける」といっても積徳をした人の功徳が減ってしまうわけではないようだ（むしろ増えるとする見方もある）。また故人のほか、動物や餓鬼など、あらゆる生き物に功徳が転送されるというとらえ方もある。回向の解釈は、地域や学者によってかなり異なるので比べてみるのも良いだろう。

それからタイでは、先ほど述べた「母のため」の出家のほか、「霊前出家《れいぜんしゅっけ》」も行われてきた。霊前出家は亡くなった親や祖父母などに功徳を送ろうと、葬儀にあわせて子孫の男児が一時的に出家する慣習である。

回向と呼んでよいのか不明だが、近年のタイやカンボジアでは、功徳を積んだ人が「皆さんにも功徳を分けますね」とメッセージをつけて積徳時の様子などを撮った写真をスマホのＬＩＮＥアプリなどで友達や親戚に送ることもよくある。

ここで疑問をもった人もいるだろう。上座部仏教では自分を救えるのは自分だけではなかったか。確かに、功徳の転送は、自力救済の理念（業報思想）と根本的にかみ合わない。この矛盾を自力救済の枠組みで説明しようとする議論もある。他方、民衆心理に寄り添う立場からは、自力救済はあまりに冷徹で厳しいので、そうしたプレッシャーを緩和するため、他力に頼る回向もまた必要とされてきたのだろうと論じられている［Spiro 1982: 124-128］。

一般的には、日本の仏教が「人助け」に重点を置くのに対し、上座部仏教は自力救済を重視すると理解されてきた（次節も参照）。ただし、上座部仏教にも自分自身の積徳のために他人を助けたり、功徳を他人に転送したりといった面もあり、結果として他者への慈しみや社会福祉へと展開する方向性をもっている。自力救済の思想に基づきながら他者の救済にも熱心だとしたら、それは私たちの人助けの感覚とどう異なるのだろう。日本の仏教と比べてどんな良い面や欠点があるだろうか。文献や現地体験を通して考えてみてほしい。

二　出家者の仏教

続いて「二つの仏教」のもう一方、「出家者」についてみていきたい。仏教の僧は日本も上座部仏教徒社会もきっと似ているだろうと思うかも知れないが、両者は大きく異なっている。以下、主な違いを二つに分けてみてみよう。

1　日本との違い①

第一に、戒律《かいりつ》との向き合い方が異なる。戒律とは簡単にいえば僧が日々守らなければいけない規則のことである。(8) 上座部仏教僧は戒律を重視する傾向があり、一部の規則については絶対厳守が求められる。例えば、日本なら結婚（妻帯《さいたい》）している僧は珍しくないし、子が出家して親の寺を継ぐこともあるだろう。ところがこうした日本の話しをすると、上座部仏教徒は大抵驚くか眉をひそめる。というのも上座部仏教の場合、僧が性的関係をもつことは戒律で固く禁じられており、これを破れば僧衣を脱いで還俗《げんぞく》（僧をやめて在家者になること）しなければならないからだ。僧である間は独身でなければならない。(9)

在家者は五戒や八戒をもし破ってしまっても罰せられることはない。これに対して、僧の戒律の一部には還俗や懺悔《ざんげ》（反省すること）など、違反したときの罰則が設けられている。また、自己を律する規則だけでなく、寺院で集

写真 1-6 「釣りをした出家者はこうなる」（地獄行き）。（ミャンマーの寺院に飾られた絵、一部加工）

団生活を送るうえでのルールが含まれている点でも異なっている。

こうした上座部仏教僧の守るべき戒律は二二七条からなる（具足戒《ぐそくかい》という）。このうち最も重要なのが「四つの大罪」（仏教用語では波羅夷《はらい》）であり、これらの違反は決して許されない。四つの大罪とは、性行為、盗み、殺人、虚言である。もしこのどれかを行えば僧をやめなければならず、その後、二度と出家することは許されない。この四つの大罪を犯してはならないという決まりは、上座部仏教徒社会ではどの国・地域でも固く守られている。

「四つの大罪」のうち「虚言」については少し説明が必要だろう。虚言の罪は「悟った」と嘘をつくことである。ただし、悟りの境地に至ったかどうかは客観的に確認できないため、嘘かどうかは別にして、僧自ら「私、悟りました」と発言しないことが了解事項になっている。

「悟り」についても少し補足しておきたい。上座部仏教では悟りの境地に至った僧を「阿羅漢《あらかん》」という（例外としてブッダだけは別格で、誰も到達できない阿羅漢より上のレベルの悟りに達したと考えられている）。ただし、四つの大罪があるため、僧自身が「私、阿羅漢です」とはいえず、在家の人たちが世間話のなかで、あの高名なお坊さまは阿羅漢に違いないと噂しあう。国や民間団体が特定の僧について阿羅漢であると公に認めることもない。また、日本のように在家者が「私、お金がなくても楽しくやっていけるって悟ったの」といったような形で、気軽に「悟る」という言葉を使うことも避ける傾向にある（冗談で言うことはあるかもしれない）。

「四つの大罪」以外の戒律については、これらも建前としては守るべきだが、実態は国や地域、宗派、寺院、個人などによって厳しさに違いがある。広い地域で重視されている項目としては、飲酒しない、故意に生き物を殺さない、女性の身体に触れない、正午以降は翌朝まで食事をしない、などがあげられる（違反者は懺悔すれば許される）。ほとんどの地域では、僧が人前で堂々と酒を飲んだり夕食を食べたりすることはないし、隠れてこのような行為を繰り返せば村の噂になりかねない。(10) タイでは泥酔した僧が、破戒僧《はかいそう》（戒律を破る僧のこと）として新聞やテレビのニュースになることもある。

一方、近年あまり守られない傾向のある項目として、金銭に触れないという戒律がある。もちろん現在でも一切金銭に触れない僧がいる。だが、貨幣経済が浸透した今、お金をもたずに出歩くことは困難だ。例えば若い僧がツテに頼らず一人で無銭旅行に出ようと思ったら、無理ではないにせよ、なかなか厳しいだろう。あるミャンマーの僧は、もともと金銭に触れないという規則を守っていたが、国外留学を機に違反をあまり気にしなくなったという。ミャンマー国内であれば外出のたびに付人（在家者）を伴って財布の管理を任せることもできるが、単身で留学となればなかなかそうはいかない。

上座部仏教徒社会では、こうした戒律（とくに四つの大罪を犯さないこと）が出家者と在家者を隔てる厚い壁となっている。在家者は仕事をして金を稼いだり、田畑の害虫を殺したりしなければならず、またストレス解消に酒も飲みたい、夕食も食べたい、恋人も欲しいと欲望から逃れることもできず、出家者と同じ生活はまず不可能である。だからこそ出家者は尊敬を集める。反対に、破戒僧には社会の非難が集まる。在家者にとっても、堕落した僧より、戒律をしっかり守る僧を支援することで、より多くの功徳をえられるといわれる。

表 1-1　出家者の内訳

出家者（男性）	
僧（＝比丘《びく》） ・20 歳以上 ・227 戒を守る	見習僧（＝沙弥《しゃみ》） ・何歳でも ・10 戒を守る

表 1-2　各国各地域の寺院数と出家者数（基本的には上座部仏教の数値）

	寺院	僧（比丘）	見習僧（沙弥）	1 寺院あたり比丘数	1 寺院あたり沙弥数	統計年
ミャンマー	6 万 9321	28 万 6612	23 万 3714	4.1	3.4	2017
タイ	4 万 1216	28 万 1058	4 万 4430	6.8	1.1	2018
ラオス	4765	1 万 0093	1 万 6568	2.1	3.5	2019
カンボジア	4872	2 万 2302	4 万 6897	4.6	9.6	2016
西双版納	577	828	3998	1.4	6.9	2005
徳宏	602	90	101	0.1	0.2	2007
スリランカ	1 万 0131	3 万 9106	2 万 1388	3.9	2.1	2006
ベトナム（クメール系住民）	452	8572		19.0		2010

※西双版納《シーサンパンナ》と徳宏《ドゥーホン》は中国雲南省の州名（地図参照）。上座部仏教徒のタイ系民族が多く住む。
※※ベトナムはクメール系住民のみ記載。クメール系住民は、カンボジアの多数派と同じ民族であり、上座部仏教徒が多い（第 8 章参照）。また統計上は比丘と沙弥の区別なし。
出典：本書執筆者（大坪、小島、下條、増原、和田）作成。ミャンマー、タイ、ラオス、カンボジア、ベトナムは国の公式データより。西双版納と徳宏は各州仏教協会への聴き取りより。スリランカの数値は橘堂［2013: 21］より。

2　日本との違い②

第二の違いとして出家をめぐる条件や期間がある。日本には女性の僧である尼僧がいるが、上座部仏教徒社会には正式な尼僧（比丘尼《びくに》）はほとんどいない（正確にはその存在を認めるか否か意見が分かれる）。

二二七条の戒律を守る正式な僧を「比《び》丘《く》」と呼ぶ。現在、上座部仏教徒社会で比丘として出家できるのは、二〇歳以上の男性だけである。[11] なぜ女性は尼僧（比丘尼）になれないのか、その理由は後で確認したい。

いや、二〇歳どころか一〇歳そこそこで頭を剃り僧衣をまとっている小坊主の姿をみたことがある、という人がいるだろう。これは比丘ではなく、見習僧《みならいそう》（沙《しゃ》弥《み》）である。見習僧は男性なら何歳でもなれるが、実際は二〇歳に満たない者が多いため「少年僧」とも呼ばれる。[12] 見習僧も出家者なので、子どもであっても家族と暮らすことはできず、寺院での集団生活が求められる。見習僧は二二七条の戒律ではなく、十戒（在家の八戒とほぼ同じ）を守って生活している[13]。朝、托鉢に出たり、正午以降は食事をしなかったりと、一見、比丘の生活と変わりはないようにみえるが、両者は別の存在である。

なお、日本では比丘という呼称にあまりなじみがないことから、本書では便宜上、比丘を僧、沙弥を見習僧と呼び分けておきたい[14]（表1―1）。

それから、短期出家あるいは一時出家といって、短い期間だけ出家し、また在家者に戻る習慣が広くみられるのも、日本にはない特徴である。ミャンマー、ラオス、タイなどの上座部仏教徒社会では、男性は皆、一生に一度は出家経験を積むことが期待されている。また、教育を受けるため見習僧として出家し、その後、還俗して一般社会に戻っていく者が多くみられる地域もある。

短期出家でもれっきとした出家者であることには変わりない。タイでは翌日に出家式を控えた若者が五体投地の礼をもって親や年長親族に敬意を表し、その後、出家式が無事おわるや否や、今度は両親がこの青年の僧にむけて五体投地の礼を行っていた。こうした変化は出家した当人や周囲で見守る人々にとって感慨深い一幕であろう。

写真1-7　見習僧には遊び盛りの子も多い（中部タイにて）。

なお、短期出家として僧と見習僧のどちらが重視されるかは地域によって異なる。中部タイや東北タイでは僧としての出家が期待されるのに対し、北タイやミャンマー東部のシャン州（タイ系民族シャンの多い地域）のように見習僧の出家が重視されている地域もある。さらに徳宏のように、僧・見習僧を問わず、男子の一時出家が一般的ではない地域もある[15]。

写真 1-8　見習僧に出家する少年。ミャンマーでは出家前のブッダにちなみ王子の恰好をする（バガンにて）。

もちろん短期出家だけではなく、幼くして見習僧に出家し、二〇歳で僧となり、そのまま一度も在家者に戻ることなく生涯をすごしている長老僧もたくさんいる。こうした長期出家者は、寺院の住職などとして活躍し、村の仏教の中心であることが多い。

それでは短期出家と長期出家に違いはないのか。見た目や戒律上の差異はない。ただし、先輩僧を敬うというルールがあるため、少しでも長く出家しているほうが偉いということになっている。どちらが先輩かを計るのは「法臘《ほうろう》」と呼ばれる連続出家年数である。例えば、出家五年なら法臘五年と数える[16]。一度でも還俗すれば、再出家しても法臘は一から数え直さなければならない。僧同士が初対面のときはまず相手の法臘を尋ね、法臘の若いほうが先輩僧に対し五体投地をもって挨拶する。

なお、僧出家そのものは、長期・短期を問わず、二〇歳以上の男性という条件さえみたせば、それ以外の制約はあまりない（そのほかの出家の条件については本書第二章の注1を参照）。若者である必要もない。数は相対的に少ないが、定年退職後に出家して人生を見つめ直す者もいる。不良少年でも、刑期を終えた犯罪歴のある者も、出家すれば社会の尊敬を集めることができる。外国人も出家できる（行政上の手続きを必要とすることがある）。キリスト教徒の外国人男性が上座部仏教僧として一時出家を経験した例もある。

そして在家者の生活に戻りたくなったら、いつでも自由に僧や見習僧をやめて在家者に戻ることができる。

3　出家生活は誰のためか？

上座部仏教の出家者は、日々、戒律を守りながら寺院に暮らし、それぞれの関心にそって勉学や瞑想などにいそしんでいる。では、こうした修行の目的とは何か。僧は何のため、誰のために出家生活を送るのか。

教科書的にいえば、日本の仏教僧は、自分を救おうというだけではなく、同時に他人を助け救済することにも重きをおいている。これに対し上座部仏教は、第一に自分自身の救いを目標とする。上座部仏教の僧がめざす最終目標は、悟りの境地に至って阿羅漢《あらかん》となり、死後再び生まれ変わることなく輪廻を脱することである（これを涅槃《ねはん》と呼ぶ）。つまり、修行は自己の鍛錬に向けられている。日本の仏教は自利《じり》（自分の利益）と利他、上座部仏教は自利として対比されることもある。

写真 1-9　僧（比丘）出家式。一番右が出家候補者（ミャンマーの村落寺院にて）。

ただし、後で述べるように、こうした理念とは別に、上座部仏教の僧もまた様々な形で迷える人々の心の支えとなっている。むしろ実態は、日本よりも庶民にとって身近で頼れる存在であることが多い。

さて、高校の世界史の授業などで、仏教は今から二五〇〇年ほど前にブッダによって始められたあと、数百年を経て分裂を繰り返しつつ、大乗仏教と上座部仏教という大きく二つの流れとなって今日に至ると習った人もいるだろう。こうした基本的な見取り図も大切なので、まずはそこから確認しておきたい。

中国、朝鮮半島、チベット、日本などに伝わったのが大乗仏教（北伝仏教）である。大乗仏教のはじまりは西暦前一世紀ごろからインドに起きた改革運動に遡るとされる。この運動は従来の仏教に対して批判を投げかけ、修行は

写真 1-10　僧による「ブッダの前世物語」（ジャータカ）の読み聞かせ（中部タイ）。

自分ひとりのためでよいのかと問いながら、苦しむ他人を救うことの大切さを強調していった。大乗仏教の「大乗」とは自己とともに多くの人々を救う「大きな乗り物」のことであり、一方、もともとあった仏教に対しては自己の救済しか考えていない「小さな乗り物」だから「小乗仏教」と呼んで批判したといわれる。

現在の上座部仏教は、この小乗仏教の一派の流れを汲んでいる。しかし、「小乗」という言葉には、大乗仏教からの蔑視が反映されているため、自ら小乗仏教とは名乗らず、「上座部」（テーラワーダ、長老の教え）を自称するのが一般的である。

この枠組みにそって上座部仏教徒社会を見てみると、なるほどと思わされることも多い。在家者たちは自己鍛錬に長けた出家者を高く評価する。在家者にとって優れた出家者とは、困った民衆を助けてくれる存在である前に、正しい考えに基づき正しく行動しているかどうか、寄進の対象としてふさわしい清らかな存在かどうかがその基準とされることもよくある。自利の上座部仏教という指摘も間違っていない。

ただ、現実をみてみると、多くの上座部仏教の出家者は、在家者の救いの一助になろうと様々な形で手を差し伸べている。

例えば、僧侶の唱えるお経の一種（護呪経《ごじゅきょう》、パリッタ）には、災いをはらい福をよびこむパワーがあるとする考え方がある。そのため、在家者は定期的に、あるいは新築祝いや子どもの成長祝い（髷《まげ》落とし）といった人生の節目に出家者を民家に招き、こうしたお経を唱えてもらう。

また、在家者はなにか人生の悩み事があると、懇意の出家者から助言をもらおうと寺院に出かけることもある。

タイでは、行政の依頼を受けて、公立学校の道徳授業を受けもつ出家者がたくさんいる［矢野　二〇一七（第八章）］。また、地域社会のかかえる問題に向き合いながら、道路・水路の整備や、農業指導、保育園開設、住民の自助組織の結成など様々な形で農村開発に尽力してきた僧もいる（NGOや研究者から開発僧と呼ばれている）。なかにはエイズ患者のホスピスを経営する寺院もある［佐々木・櫻井　二〇一三］。出家者がその影響力を活かして、洪水の被災地に送るための物資を集め、支援に協力することもある［スチャリカル・櫻井　二〇一三］。

出家者の説法《せっぽう》も在家者にむけて行われる。タイでは祭りの機会などに仏教物語[17]を読み聞かせることが多く、在家者はこれを聞くことで功徳をえると考えている（写真1―10）。ミャンマーでは自由説法といって、話し上手の出家者がステージにのぼり自身の言葉で語る形をとることが多い。今はマイクを使うので何百、何千、何万の聴衆を前にした説法も行われている。都市の路地を封鎖して行われる説法会は、他の国・地域にはあまりみられないミャンマーらしい風景である。

また、ミャンマーやカンボジアでは民衆とともにデモに参加して、政治的主張を行う出家者もいる。これが人々の生活や社会をよりよいものにしたいという動機にもとづいているのであれば、出家者による在家者のための活動の一つに数えることができるかもしれない。

このように出家生活は、理念としては涅槃を最終目標とした出家者自身の修行と救いのためだが、実際は他者である在家者の救済にも深く関わっている。

4　なぜ女性の出家は認められないのか？

上述のとおり、僧として出家できるのは二〇歳以上の男性だけである。ではなぜ女性は出家を認められないのか。

ブッダは女性が比丘尼《びくに》（正式な尼僧）として出家することを認めたとされる。上座部仏教徒社会にもかつては比丘尼が存在したが、途絶えてしまった。元々あったものが失われたなら復活させればよいと思うかもしれない。そして近年は実際に復活した事例もある。ところが、こうした比丘尼の存在は公に認められるにいたっていない。なぜか。

この理由の一つは出家式（得度《とくど》式、授具足戒式《じゅぐそくかいしき》とも）という入門儀礼を重んじてきた伝統にある。これまで見てきたように、上座部仏教では出家者と在家者をはっきり区別し、どんなだらしのない生活をおくってきた者でも出家して僧となり戒律を守りはじめたその瞬間から、聖なる存在として在家者の跪拝《きはい》や寄進の対象となる。よって、この変身を保障する出家式が正しい方法にのっとっているかどうかには細心の注意が払われる。出家式の過程で疑わしい箇所があれば、あとでニセ坊主ではないかと後ろ指をさされかねない。もし出家式を経ていないのに頭を剃り僧衣をまとって僧のふりをしていれば、これは正真正銘のニセ坊主として、ばれたとき大きな非難を浴びることになる。

この出家式でとくに大切な手続きが授戒《じゅかい》（受戒《じゅかい》）である。男性の僧（比丘）の場合、出家式には必ず授戒師《じゅかいし》（和尚、戒和尚《かいおしょう》、和上《わじょう》、親教師とも）と呼ばれる僧が一名参加し、出家候補者に二二七条の戒律を授ける。上座部仏教徒社会では、この授戒という儀式がブッダの時代から今日まで途絶えることなくつづいてきたと信じられており、僧への変身にとって欠かせない過程となっている。

比丘尼として出家する場合は、比丘と比丘尼の二名の授戒師から受戒する決まりになっている。(18) しかし、一度、比丘尼が途絶えたことで、授戒師をつとめる比丘尼がいなくなってしまった。

一九九〇年代後半になると国際的な比丘尼復活運動の影響を受けて、スリランカの女性修行者が比丘尼として出家した。どうやって復活させたかというと、大乗仏教（韓国や台湾）の比丘や比丘尼から受戒するという方法をとった。またこの後、スリランカの上座部仏教の比丘からもう一度重ねて受戒したケースもある。これは「大乗仏教の比丘尼だ」という批判を避けるためだろう。比丘尼復活の擁護派は、その復活の根拠としてほかにも、一部の大乗仏教の比丘尼はスリランカの比丘尼の系譜を汲んでいるとか、また、比丘だけで比丘尼を出家させることは可能であるといった主張を行っている［伊藤　二〇〇九、岩本　二〇〇八］。

これを契機に、抵抗の大きかったミャンマーを除いて、上座部仏教徒社会にも比丘尼が少しずつ復活してきた。スリランカでは現在までに一〇〇〇名ほどが比丘尼に出家し、タイには少なくとも二八五名の比丘尼がいるとされる。[19]

ただし、一方で賛同しない者も多く、スリランカやタイは国として正式に比丘尼の存在を認めていない。例えば、スリランカでは比丘尼としてのＩＤカードが発行されないという。[20] タイでは二〇一六年に先代の国王が亡くなったとき、王の弔問に訪れた比丘尼たちが参列を役人に拒まれるということが起きた。[21] これら比丘尼が、上座部仏教の正式な比丘尼として男性の僧や国から認められる日はくるのだろうか。それとも、男性の僧や国から容認がえられなくとも、徐々に在家社会から認知されていくなど、独自の展開をみせるのだろうか。

いや、ミャンマーで頭を剃った女性修行者が托鉢しているのをみた、という方がいるかもしれない。実はこうした女性修行者は比丘尼ではない。守るべき戒律の数は見習僧とあまり変わらず、女性修行者は「在家者」のカテゴリーに入れられている。しかし、家を出て集団生活を送る生活スタイルは「出家」そのものだ。外見上も在家者とは明らかに異なっており、ミャンマーではピンクの衣、タイ、カンボジア、ラオスでは白い衣をまとい、いずれも頭を剃っている（口絵4、14）。なかには自分たちで厳しい規則を設けそれに従う生活を送ったり、仏教学習で優秀な成績をおさめたりする女性修行者もいる。[22]

このように、一方には現状と闘い変革を求める比丘尼の姿があり、他方には現実と折り合いをつけながら仏教実践にいそしむ女性修行者がある。現地の上座部仏教徒たちは、こうした女性の出家をめぐる二つの動きをめぐり、何を思うのか。関心のある人は、地域間比較も含め調べてみるのも良いだろう。

◆コラム――仏典について

上座部仏教圏の仏典（正典、聖典、教典とも）は、経《きょう》、律《りつ》、論《ろん》の三部からなるので「三蔵《さんぞう》」と呼ばれる。「経」（経蔵《きょうぞう》）はブッダが説いた教えなど、「律」（律蔵《りつぞう》）は出家者が守る規則、「論」（論蔵《ろんぞう》）は後世の仏教徒たちがブッダの教えについて議論した内容を収めている。この三蔵はスリランカから東南アジア各地まで共通のものが用いられている（ただし、表記用の文字は、地域によって異なる）。また三蔵以外にその注釈書の類も伝わっている。

これら三蔵や注釈の原典は、インドの言葉であるパーリ語で書かれている。僧たちがお経を唱えるときもこのパーリ語で唱えることが多い（ただし、パーリ語の発音方法は、地域によって異なる）。

パーリ語の三蔵は分量もかなり厚く、印刷すると例えばミャンマー（ビルマ）文字版なら四〇巻になる。日本語訳『南伝大蔵経』も出版されているが三蔵はその五六巻分を占める。

これほどの分厚さにもかかわらず、現代ミャンマーにはこの三蔵を丸暗記し全て暗唱することに成功した僧「三蔵憶持師《おくじし》」が数名出た。

ところで印刷技術が普及する前、仏典はヤシの葉に書かれることが多かった。これを貝葉《ばいよう》という。どんなものかネットで画像検索してみよう。

上の写真は、仏典を保管するための古い書庫（経庫）。珍しい形状のもの。

経庫（中部タイの寺院にて）

三　仏教のリズム

さて、上座部仏教徒社会で村人が寺院に集まるのはどんなときか。どんな「お祭りの日」があるのだろうか。まず、前述した毎月四回の持戒日（布薩日《ふさつび》）がある。持戒日には敬虔な在家男女が寺院を訪れ一部は八戒を守る。また、月四回の持戒日のうち、満月と新月の二回は僧たちにとっても重要な日である。この日、同じ寺院に住む僧たちは全員、戒壇（布薩堂）に集い、二二七条の戒律を守っているか確認する儀礼（布薩《ふさつ》）を行う（寺院境内の施設については本書第三章の図3―1、年中行事は第三章の表3―1も参照されたい）。

写真 1-11　在家者にむけて雨安居 3 ヶ月間の禁酒と休肝を呼びかけるタイ政府の広告。

年中行事では、上座部仏教徒の村ならほぼ必ず催されるものとして出安居《であんご》（出《しゅつ》安居《あんご》とも）とカティナ衣《え》奉献祭がある。出安居は雨季に関係している。かつてインドで放浪生活を送っていた初期の仏教僧たちは、移動が困難な雨季になると拠点をかまえ乾季の訪れを待つ「雨季ごもり」（雨安居《うあんご》という）を行ったとされる。この習慣を引きつぎ、現在もおよそ七月から一〇月までの三か月間を雨安居と定め、出家者は一つの寺院にとどまって無用の外泊をなるべく避ける。[23] また、在家者のなかには「今年の雨安居は禁酒してみよう」といったように、普段より五戒や八戒を意識した生活を心がける者もいる（写真1―11）。

この雨安居の初日が「入安居《いりあんご》」（入《にゅう》安居《あんご》とも）であり、最終日が「出安居」である。うち出安居は雨季の修行を終えた僧たちをたたえる明るい雰囲気のお祭りであり、たくさんの在家者が寺院にやってくる（口絵7）。寺院に集った在家者たちは、

写真 1-12　奉納されたカティナ衣用の布（染色前）を裁断する出家者たち（中部タイ）。

出家者の説法を聞いたり、米や日用品など乾き物の寄進行事に参加したりする（地域によって多様）。また、僧たちは、同じ寺院に住む者同士、皆集まって雨安居中の生活をふりかえる反省会の儀式（自恣《じし》）を行う。出安居を過ぎると、出家者は外泊を伴う旅にも出かけるようになる。

ミャンマーには、この自恣を毎年共同で行う複数寺院からなるグループもあり、何十、何百という僧たちが一つの寺院に集まる。僧たちには在家者も付き従うので、境内が人でごった返すこともある。

この出安居（満月）の翌日から次の満月までの一か月間に行われるのが「カティナ衣奉献祭」である。この祭りは期間内ならどの日に行ってもよいが、一つの寺院は一年に一度しか開催しないことになっている。この日、在家者はカティナ衣をつくるための布を寺院に寄進する。奉納された布は裁断、染色、縫合されて、一枚の僧衣となり、出家者の代表（住職など）が受け取る（写真1―12）。こうしてできた僧衣を特別にカティナ衣と呼んでいる。地域や寺院によっては布からカティナ衣を作らずに、市販されている既製の衣を奉納する。

このカティナ衣を寄進することで在家者は多くの功徳が積めると考えられている。またこの機会に、カティナ衣だけでなく、通常の僧衣や現金、生活用品なども寺院に寄付する（口絵3）。

上座部仏教徒社会では、他にもいくつか重要な年間行事がある。各地に共通するものとして、例えば、旧正月である「水かけ祭り」が一年で最も暑い四月に行われる（口絵2）。この水かけ祭りはもともと仏教起源ではないものの、仏教寺院で積徳関連の行事が行われるなど仏教化している。また、五月頃の「仏誕節《ぶったんせつ》」（Vesak）は、ブッダが生まれ、悟りを開き、そして亡くなった日（年は違うが全て同じ日）であると考えられており、地域によってはロウソク行列などのイベントも開かれる（世界最大のムスリム人口を抱えるインドネシアは、少数の仏教徒にも配慮し、この仏誕節を国の祝祭日に定めている）。

地域によって異なる年間行事もある。出安居から一か月後の満月の日（カティナ衣奉献祭最終日）には、タイなら灯《と》篭《ろう》流し（ローイクラトン）、ミャンマーなら仏塔の燈明《とうみょう》祭り、カンボジアならお月見が催される。

これらの年中行事は開催日が同じでも内容は地域ごと多様で、視覚的にも彩り美しい祭りが多い。ありきたりの観光で物足りない人は、こうした行事の日に寺院を訪問してみるのも楽しいだろう。

四　仏像

本章の最後に仏像についても少し触れておきたい。

よく知られるように当初インドに仏像はなかった。代わりに、仏足跡《ぶっそくせき》（ブッダの足跡）、菩提樹《ぼだいじゅ》（この樹の下でブッダは悟りを開いた）、法輪《ほうりん》（ブッダの教えが広まることを転がる車輪に例えたもの）などが崇拝の対象とされていた。現在の上座部仏教徒社会にもこれらシンボルへの信仰が広くみられる（口絵12）。

ブッダが亡くなって四〇〇～五〇〇年ほど経ってから、ガンダーラ（現在のパキスタン）でギリシャなどの影響も受けつつ仏像がつくられはじめた。そして今では、日本も上座部仏教徒社会も仏像のないお寺など考えられないくらい欠かせないものになっている。しかし両者には大きな違いもある。

日本の仏像は多様だ。私たちが手を合わせている仏像のなかには釈迦如来《しゃかにょらい》、阿弥陀《あみだ》如来、薬師《やくし》如来、大日《だいにち》如来、盧舎那《るしゃな》仏、観音菩薩《かんのんぼさつ》などがある。つまり日本では複数の仏（悟った者）や菩薩（これから悟りを開く者）が信仰されている。このうち釈迦如来像が仏教を開いたゴータマ・ブッダだが、日本ではどちらかといえば少数だろう。

写真 1-13　世界遺産スコータイの大仏。
出典：タイ国政府観光庁ウェブサイト

一方、上座部仏教徒の社会にみられる仏像の多くは仏教を始めたブッダである。大乗仏教のように阿弥陀如来や薬師如来などを信仰する習慣はない。上座部仏教はゴータマ・ブッダ信仰が基本となる。[24]

ただし、こうした常識を少し疑ってみたいときもある。例えば、ミャンマー仏教徒の間で人気のある日本土産のひとつに、鎌倉大仏のミニチュアがある。それはゴータマ・ブッダではなく阿弥陀ですよ、といいたくなるが、現地の人たちはあまり気にしていない。単に日本の仏教について理解がないだけかもしれないが、ひょっとすると土産や仏像であることのほうが重要であって、庶民感覚としてはそれがどんな仏や菩薩なのか、さほどこだわりはないのかもしれない。

加えて、美術的・歴史的価値や、神秘的なパワーなど、個々の仏像がもつ個性もまた一般の人々にとって重要であり、ここに日本と上座部仏教徒社会の違いはない。例えば、タイの首都バンコクには翡翠《ひすい》（軟玉《なんぎょく》）の一塊からつくられた座高六六センチの「エメラルド仏像」がある（素材はエメラルドではないが見た目からこう呼ばれる）。この深緑のエメラルド仏像は、吉祥《きっしょう》をもたらすとされ、王朝や国の守護仏として大切にされてきた。現在は観光資源でもある。その遍歴も興味深く、もとは北タイにあったものを現ラオスの王国が手にし、その後、一八世紀末、タイのトンブリー朝（バンコク対岸）がラオス地域を征服したとき、パバーン仏とともに戦利品として持ち去ったものである。しかし、エメラルド仏とパバーン仏はそれぞれの仏像を守る神の仲が悪いらしく、二仏同時に守護仏とすれば内紛になるという言い伝えを恐れて、その後、バンコク王朝はパバーン仏だけラオスの古都ルアンパバーンに返している（この二仏については本書第五章も参照）［吉川　二〇一二］。こうして仏像ひとつひとつに個性があることを思うと、それがゴータマ・ブッダであることを忘れてしまいそうだ。

また、タイはお守りの小仏像が人気で、首から下げたり、車に飾ったりしている人も多い。ほかに実在の高僧のメダルなどもよくみかける。有名なお守りだと、身につけていれば銃弾を通さないとか、事故にあっても助かるといった特別なパワーがあると信じられている。道端で安く売られているものもあれば、なかには一億円の市場価値がついたものもある。ここでもゴータマ・ブッダかどうかより、お守りひとつひとつの個性や効果が重視されている。なお、これは主にタイの習慣であり、カンボジアやミャンマーで小仏像や高僧のメダルをお守りとして首から下げることはそれほど一般的でない。

以上、本章では、東南アジア大陸部にみられる上座部仏教徒社会について、ごく基本的な知識や情報を取り上げてきた。同じ仏教とはいえ日本とはかなり違うところもあれば、あまり変わらない部分もある。そうした同異について意識してもらえたらうれしい。

要点をまとめれば、上座部仏教徒の社会では、自分の運命は自分の行い次第であるという業報思想が土台にある。しかし、人間なかなか頭で分かっていても行動を改めるのは難しい。そこで思想を行動に移すためのインセンティブが「功徳」であった。良いことをすれば、いつか良い結果がもたらされるという漠然とした期待より、「良い行いをした今、功徳が貯まった」と考えるほうが楽しく善行ができそうだ。仏教僧の支援や、自分自身が五戒や八戒を守って正しく生活すること、それに困っている他人に手を差し伸べることなど、とくに見返りなど期待しなくとも「あーよかった、私、功徳が貯まった」と納得できる。

写真 1-14　宝冠仏（ミャンマーの地方寺院にて）

写真1-15　ゴータマ・ブッダ以外の像。左はミャンマーやタイで金運上昇として信仰されているシィーワリ（写真はタイ中部）。右はミャンマーや北タイなどで信仰されているウパクッタ。大海に住み、正午すぎに食事をとらないよう太陽を眺めているともいわれる（写真はミャンマー）。

そして在家者の場合は、功徳を積む目的が欲望まみれでも構わない。

一方、出家者は涅槃《ねはん》という最終目標に向かって、欲を絶ち、戒律を守り、また仏典の勉強や瞑想などそれぞれ関心のある修行に日々いそしむ（出家生活については次章参照）。自分自身のために努力すること、これが自利と呼ばれる上座部仏教の基本である。

ただし、本章でみたように、自利から出発しても、結果として利他となっている活動は多くみられる。在家者は自分自身の積徳のために出家者を支援し、他人を助け、そして回向《えこう》として功徳を転送する。出家者は在家の人々のために、説法をしたり、お経を唱えたり、相談に乗ったりする。このように上座部仏教も利他的な行為や活動に結びついている。

さて、本章で扱った内容は、国や地域をこえて上座部仏教徒社会におよそ共通する部分である。カンボジア仏教やタイ仏教ではなく、「上座部仏教」というくくりで理解できる事もたくさんある。

これに対し、第三～八章では国や地域ごとの相違点や多様性に焦点をあてたい。例えば、西欧による植民地化や、社会主義国であることは、仏教にどのような影響を及ぼしたのか。現在も王室のある国はどうだろうか。

また各章は、それぞれ異なるテーマを扱っている。どれも本来なら上座部仏教徒社会の全体像をつかむうえで大切な内容だが、本章で取り上げきれなかったため、国・地域別の章にあてることになった。そのため、本書を通読することで、上座部仏教徒社会の全体について理解が深まると思う。だが、全て読むのはしんどいという方もいるだろう。そんな時は無理せずに、とりあえず関心のある国・地域の章だけ目を通してみてほしい。

次章では、国・地域別の章に移る前に、出家者がどんな生活を送っているか、実体験をもとにもう少し詳しくみてみよう。

注

(1) 在家者の全てが毎朝、托鉢の出家者に寄進をするわけではない。基本的には自らの意思で自由に行う。毎朝寄進する人もいれば、家族の誕生日など特別な日だけ寄進する人もいる。外国人でも寄進できるので、現地の人に方法を確認しながら参加してみても良いだろう。

(2) 出家者の全てが托鉢にいくわけではない。年配僧は托鉢に行かないなど、寺院ごとに異なる。

(3) タイでは出家者が在家者に祝福の文句を唱える場合がある。祝福を唱えるべきか否かは意見が分かれる。

(4) 「良い行い」の内容については、次項の「多くの功徳を積むにはどうすればよいか?」を参照のこと。より教義的な理解については、一例として「十善」(一〇種の善行)という言葉を調べてみよう。また、「悪い行い」は良い行いに反する行為である。例えば十善の反対に「十悪」がある。

(5) 欲深さだけでなく、その他の悪行も、餓鬼に生まれ変わる原因として言及されることがある。

(6) ミャンマーは五万八〇四四院から六万四〇四七院に、タイは三万五二四四院から四万五四四院に、カンボジアは四二三七院から四八七二院に増加。タイの統計は戒壇をもたない寺院(小寺)を含む。

(7) 教義においては、功徳の転送(回向)相手は餓鬼だけであり、かつ厳密にいえば転送ではなく他人の善行を共に喜ぶこと(随喜《ずいき》)が餓鬼の積徳になるとされる(藤本晃氏の議論などを参照)。なお、こうした教義と実態はしばしばズレる。本書の説明は主に実態(現地社会の理解)に沿ったものである。

(8) 戒律は戒と律を合わせた語である。戒は、個々人が己の向上のため自発的に守る自律的規則を指す。在家者の五戒や八戒もここに含まれる。一方、律は、僧が集団生活を送るうえで守らなければならない他律的な規則のことである。律は僧だけを対象とし在家者は関係ない。

（9）妻のいる男性が出家することはありうるが、出家中は妻と離れて寺院に住み戒律を守る。

（10）僧の飲酒が社会的に認められている地域が例外的にある（中国雲南省の一部など）。

（11）ただし受胎してから二〇歳と数えるので、出生後およそ一九歳と三か月で僧に出家できる。

（12）ただし年齢の低い幼児の出家を認めるかをめぐっては地域差や賛否あり。

（13）見習僧の守る十戒とは、在家の八戒のうち、歌舞にふけらず装飾品を身につけないという項目を二つに分け、さらに金銭を受け取らないという項目を加えて一〇項目としたものである（ただし実態として、金銭を受け取らないという項目が守られていない地域もある）。

（14）日本語で「僧」またはその原語である「サンガ」というときは、比丘と比丘尼のみを指すこともあれば、ここに沙弥、沙弥尼（しゃみに：女性の見習僧）、式叉摩那（しきしゃまな：沙弥尼が比丘尼になる前の二年間）を加えた出家五衆を指すこともある。出家者やサンガをめぐる各地現地語の呼称や用法はこれよりさらに多様である。

（15）より詳しい議論は［林　二〇一一：三四―三六］などを参照のこと。

（16）正確には、後述する「雨安居」（三か月間）を終えるたびに法臘が一年追加される。例えば、雨安居に入る直前に出家すれば、雨安居を終えた三か月後には法臘一年となる。

（17）タイで説法に用いられる仏教説話として最も人気があるのは「布施《ふせ》太子《たいし》本生譚《ほんじょうだん》」（ヴェッサンタラ・ジャータカ）である。これは、布施の大好きなヴェッサンタラ王子が、人に乞われるままに所有物を何でも与え、最後には二人の子供と最愛の妻まで他人にあげてしまう、というブッダの前世物語である。

（18）比丘尼は僧（比丘）より多い三一一条の戒律を受け、出家後はそれを守る。

（19）Matichon Weekly（二〇二〇年一〇月二日）"**ฉัตรสุมาลย์ : ภิกษุณีร่วมมือขับเคลื่อน**"［訳：チャスマーン――力をあわせて比丘尼推進］〈https://www.matichonweekly.com/column/article_353504〉、Matichon Weekly（二〇二〇年七月一〇日）"**ฉัตรสุมาลย์ : เส้นทางสิกขมานากับภิกษุณีในไทย**"［訳：チャスマーン――タイにおける式叉摩那と比丘尼の道］〈https://www.matichonweekly.com/column/article_324112〉（ともに二〇二一年八月一六日閲覧）

（20）Pathirana, Saroj（二〇一九年一二月二二日）"Sri Lanka's Bhikkuni nuns and their fight for identity papers", BBC〈https://www.bbc.com/news/world-asia-49979978〉（二〇二一年八月一六日閲覧）

（21）Matichon Weekly（二〇一七年一月一一日）"**ฉัตรสุมาลย์ : 'ภิกษุณีห้ามเข้า' ถูกปฏิเสธไม่ให้เข้าไปในพระที่นั่งดุสิตมหาปราสาท**"［訳：チャスマーン――「比丘尼は立入禁止」、拒絶されたドゥシット王宮入場］〈https://www.matichonweekly.com/column/

article_20947〉、Gray, Denis（二〇一七年八月二四日）"Thailand's Buddhist nuns fight for equality", NIKKEI ASIA〈https://asia.nikkei.com/NAR/Articles/Thailand-s-Buddhist-nuns-fight-for-equality〉（ともに二〇二一年八月一六日閲覧）

(22) ミャンマーには女性修行者が六万四五一九名、その居住施設（尼僧院）が四三九八院ある（二〇一七年、宗教局）。タイの女性修行者は一・五〜二万名といわれる［伊藤　二〇一六］。

(23) こうした仏教行事は、陰暦（月の満ち欠けにもとづいた暦）を用いるので、私たちの使っている太陽を基準とした陽暦とはズレが生じる。よって例えば、雨安居の始まりも、年によって七月中旬だったり下旬になったりと日付が異なる。

(24) タイの仏像は今日も写真1―13のポーズ（降魔印《ごうまいん》と半跏趺坐《はんかふざ》）が多い（口絵11のミャンマーの仏像もこのポーズ）。降魔印は、ブッダが悟りを開くとき邪魔に入った悪魔に対して、「立ち去れ」と大地を指さしたとする仏伝の一場面を表している。半跏趺坐は、両足を結ばず、片足をもう一方の足の上に重ねた形である。なお、写真1―13の仏像にある頭上の突起は放射される光を表したもので、スリランカ美術の影響とされる。また、ときに写真1―14のような、飾りを身にまとった姿の仏像もみられる。これは「宝冠仏《ほうかんぶつ》」と呼ばれており、異教徒の傲慢な王を仏教に帰依させるため、ブッダが王より豪華に着飾って驚かせたとする説話に基づいている。宝冠仏はミャンマーのほか、タイでもアユタヤ時代によく作られた。

参考文献

池田正隆
　一九九五『ビルマ佛教――その歴史と儀礼・信仰』法蔵館。

石井米雄
　一九九一『タイ仏教入門』めこん。

伊藤友美
　二〇〇九「現代タイ上座部仏教における女性の沙弥尼出家と比丘尼受戒――理念のアピールと語られない現実」『東南アジア――歴史と文化』三八号、六四―一〇五頁。
　二〇一六「タイ・メーチー協会」『上座仏教事典』めこん、三三二頁。

岩本明美
　二〇〇八「仏教比丘尼戒復興運動と二〇〇七年ハンブルグ国際会議」『南山宗教文化研究所研究所報』一八号、二五―三九頁。

橋堂正弘

二〇一三 「報告Ⅰ　現代スリランカの仏教教団——宗派・組織・法規」『アジア仏教の現在 Ⅲ（龍谷大学アジア仏教文化研究センター二〇一二年度第一回国内シンポジウムプロシーディングス）』七—二三頁。

佐々木香澄、櫻井義秀

二〇一三 「タイ上座仏教寺院とＨＩＶ／エイズを生きる人々」櫻井義秀編著『タイ上座仏教と社会的包摂——ソーシャル・キャピタルとしての宗教』明石書店、一一二—一四九頁。

スチャリクル・ジュタティップ、櫻井義秀

二〇一三 「タイにおける洪水問題と寺院の社会活動」櫻井義秀編著『タイ上座仏教と社会的包摂——ソーシャル・キャピタルとしての宗教』明石書店、二二九—二五二頁。

橘堂正弘

二〇一二 「報告Ⅰ　現代スリランカの仏教教団——宗派・組織・法規」『アジア仏教の現在 Ⅲ（龍谷大学アジア仏教文化研究センター二〇一二年度第一回国内シンポジウムプロシーディングス）』七—二三頁。

林　行夫

二〇一一 「東南アジア仏教徒の世界」奈良康明・下田正弘編集委員、林行夫編集協力『新アジア仏教史〇四　スリランカ・東南アジア　静と動の仏教』佼成出版社、二〇—六二頁。

パーリ学仏教文化学会・上座仏教事典編集委員会編

二〇一六 『上座仏教事典』めこん。

矢野秀武

二〇一七 『国家と上座仏教——タイの政教関係』北海道大学出版会。

吉川利治

二〇一二 『タイ政治史・文化史論集』大阪大学言語文化研究科。

Spiro, Melford. E.

1982 *Buddhism and Society: A Great Tradition and Its Burmese Vicissitudes* (second edition). Berkeley: University of California Press.

写真と図の出典（ここにあげていない写真は全て筆者撮影）

写真1―2
椋橋彩香（二〇一九年二月一二日更新）「タイの地獄めぐり⑧　巨大餓鬼――地獄寺のランドマーク」TABIZINE〈https://tabizine.jp/2019/01/11/229545/〉（二〇二一年二月一八日閲覧）

写真1―4
Prachachat.net（二〇二〇年一一月二五日）"เที่ยวบินพิเศษ "บินรับมงคลบนฟากฟ้าผ่าน 99 สถานที่ศักดิ์สิทธิ์" สุดปัง!"［訳：特別運航「パワースポット99か所をめぐる開運の空旅」大人気！］〈https://www.prachachat.net/tourism/news-562304〉（二〇二一年二月六日閲覧）

写真1―11
Thairath Online（二〇一七年七月一一日）""มันก็จะดีขึ้นอย่างมาก!!" พักสุรา รักษาตับ"［訳：「これで回復!!」酒を断ち休肝しよう］〈https://www.thairath.co.th/lifestyle/life/996924〉（二〇二〇年五月一六日閲覧）

写真1―13
タイ国政府観光庁ウェブサイト（amazing Thailand）、スコータイの観光スポット「ワット・シー・チュム」〈https://www.thailandtravel.or.jp/wat-sri-chum/〉（二〇一九年九月二四日閲覧）

◆コラム――同じ？違う？各地の仏教用語

？語	僧（比丘）		寺院	
A	លោកសង្ឃ	ローク・ソン lò:k sɔŋ	វត្ត	ヴォアット vɔət
B	พระ	プラ pʰráʔ	วัด	ワット wát
C	ຄູບາ	クーバー kʰu:ba:	ວັດ	ワット wat
D	ᨴᩩ	トゥ túʔ	ᩅᩢ᩠ᨯ	ワット wát
E	ᥓᥝᥰ ᥓᥣᥒᥰ	ザウ・ザーン tsău tsaŋ	ᥓᥩᥒᥰ	ゾン tsɔŋ
F	ၸဝ်ႈၸၢင်း	チャオ・チャーン tɕaw tɕá:ŋ	ၵျွင်း	チョーン tɕɔ:ŋ
G	ဘုန်းကြီး	ポゥンジー pʰóʊNdzí	ဘုန်းကြီး ကျောင်း	ポゥンジー・チャウン pʰóʊNdzí tɕàʊN
H	လကျာ်	レチャイッキ ləcaik	ဘာ	ペー phɛ̀a
I	හාමුදුරුවෝ	ハームドルウォー	පංසල	パンサラ

各言語で「僧」と「寺院」をどう表記・発音するか並べてみた。さてどれが何語でしょう。解答を見たあとは、どれがどれと似ていて、どれと異なるか文字や発音を比べてみよう。（本表は一例のみ。詳細は語彙表を参照）。

出典：本書執筆者（大坪、小島、増原、和田）作成。シンハラ語は杉本良男氏、シャン語は村上忠良氏にご教示いただいた。

答）Aカンボジア語、Bタイ語、Cラオ語、D北タイ語（タム文字）、E徳宏タイ語、Fシャン語（ミャンマーとタイに住む平地少数民族）、Gミャンマー語（ビルマ語）、Hモン語（Mon：ミャンマーとタイに住む平地少数民族）、Iシンハラ語

第二章　出家生活の実際

小島敬裕

一　出家まで

1　出家の準備

筆者は、二〇〇一年にミャンマー中央部マンダレーのマハースィー（マハーシ）寺院、二〇〇三年にはシャン州ティーボー（スィーポ）の大仏（パヤージー）境内にある寺院において、二度の一時出家を経験した。ここでは、出家生活の実際について簡単に紹介しておきたい。

筆者は寺院の家系に属するわけでも、大学で仏教学を専攻していたわけでもない。しかし日本での仏教に関する「常識」がないからこそ、絶対的存在への帰依による救済ではなく、持戒・修行によって苦から自由になることを目指す上座部仏教には、共感しやすかったのかもしれない。また出家は、ミャンマーの仏教徒男性の多くが経験するのみならず、外国人であっても出家し、修行に専念することは可能である。そんな話を聞き、筆者は一時出家を志した。

筆者の場合、まず出家する寺院を決めた。「寺院」と言っても、その役割には様々なタイプがある。まずは村の

写真 2-1　筆者の出家時の施主（右の 2 人）

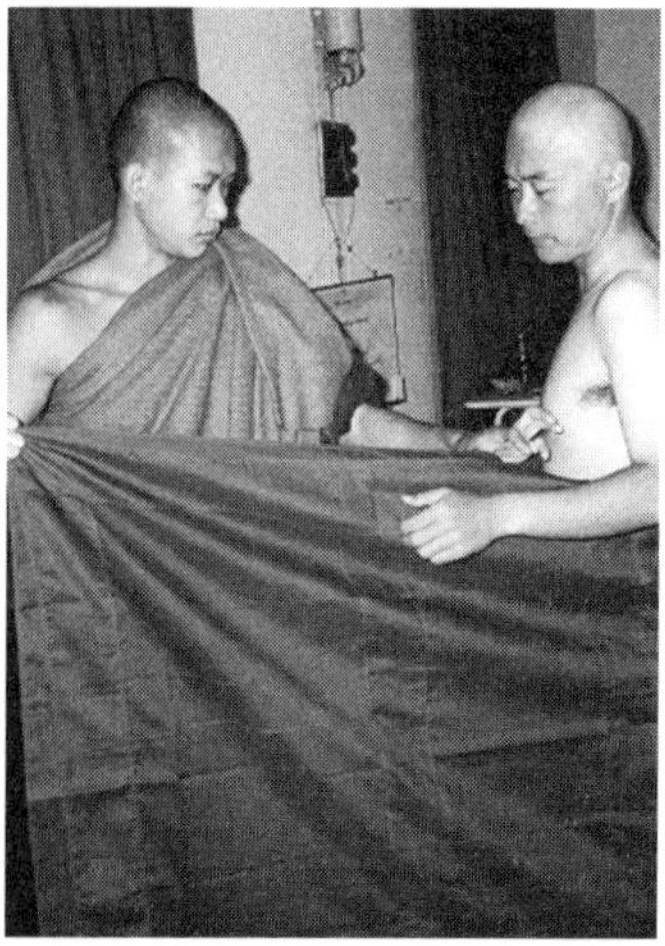

写真 2-2　見習僧出家の際、先輩僧に上衣を着用させてもらう筆者

仏教儀礼などが行なわれる寺院である。その一方で、出家者の教理学習や瞑想修行が主に実践されている寺院もある。こうした出家者の修行の場としての位置づけが中心である場合、日本語では「僧院」と呼ばれるが、筆者が修行していた寺院の中でも特にシャン州の寺院は、地域の仏教徒にとって信仰の場でもあったため、本章では両者を区別せず「寺院」と呼ぶことにする。

出家の前には、まず施主《せしゅ》（ダガー）を探す必要がある。この施主が、出家生活に必要な物品を購入するなどの資金援助をする。施主は、血縁者でもかまわないが、筆者の家族は日本在住であったため、最初の出家の際の施主は、マンダレー在住のビルマ人の友人が務めてくれた（写真2―1）。二回目の出家ではティーボーの町に知人がいなかったため、住職の紹介を得た。初対面の方だったが、住職と親しく、また出家者の施主になることは、積徳の機会でもあるため、喜んで引き受けてくれた。

2　出家式

出家の前に、剃髪し、最初は先輩僧に重衣《じゅうえ》・上衣《じょうえ》・内衣《ないえ》のうち上衣と下半身に内衣を着用させてもらう（写真2―2）。その時、在家時代の衣服は下着も含めてすべて脱ぎ捨てる。筆者は出家当時、二〇歳を超えていたので、最終的には正式僧になったが、その場合でも一旦は見習僧にならなければならない。まず師僧

写真 2-3　見習僧として師僧に跪拝する筆者

写真 2-4　正式僧としての受戒

（和尚）に出家を請い、見習僧として認められる。続いて仏法僧の三宝への帰依を誓い、それから師僧より十戒を授けられる。以下、儀礼で用いられる言語はすべてパーリ語だが、住職の後について復唱するので、さほど難しいことはない。徹底的に注意されるのは「型」である。まず座り方で、しゃがむ姿勢で座っている際、少しでもかかとが地面から離れると、そのたびごとに注意を受ける。またパーリ語の唱え方も、日常的な唱え方とは異なる独特の発音によってなされ、事前に念入りに指導される。ただし、その意味を理解しているかどうかについては問われない。一連の儀礼が終わると、施主の方々から出家者として跪拝され、恐縮する。

正式僧としての出家式は、翌日、戒壇（ティン）の中で行なわれた。まず師僧（和尚）になることを依頼し、着用する三衣と托鉢用の鉢を確認した後、正式僧になるための資格に関する問答を受け[1]、サンガへの入団認可を経て戒律が授けられる。僧が厳守すべき二二七条の戒律の中には罰則が設けられているものもあり、中でも僧が四つの大罪を犯した場合は還俗しなければならない。

二　出家生活

1　戒律の厳守

出家者は、戒律を厳守することによって、より瞑想に集中できるようになる。そして智慧を体得し、欲や怒り、無知から離れ、悩みや苦しみのない涅槃《ねはん》の境地に至ることが最終的な目標である。ただし、上座部仏教における修行は「苦行」ではないため、日本人の僧のように死を前提とする苦行の結果「即身仏」になったり、密教や修験道の修行者のように滝行に励んだりすることはない。二二七条と数は多いが、筆者は一時出家だったこともあり、戒律の遵守はさほど難しいことではなかった。たとえば、午後に食事を摂ってはならないと言っても、正午前の食事は十分に摂れるし、また筆者が瞑想修行に専念していたためか、一週間も経てば空腹はほとんど苦にならなかった。ただ、教理学習に勤《いそ》しむ僧にとっては、この戒律を守るのはきついらしい。

瞑想修行に専念した筆者にとって辛かったのは、殺生を禁じる戒律にふれるため、蚊を叩けないことであった。特に一回目に出家したマンダレーの瞑想寺院には蚊が多く、蚊帳《かや》の中で瞑想をするのだが、蚊帳に膝が接触すると、蚊帳越しに集中攻撃を受ける。痒《かゆ》い場合は、痒いことに意識を集中するのも瞑想の一つで、「痒い、痒い」と念ずるための訓練にはなるのだが、修行の足りない筆者にとっては、最後まで悩まされたことであった。

また､睡眠時間の不足が､筆者にとっては辛かった。特に午前三時に起床するマハースィー寺院での出家生活では、昼寝をしてもなお眠かった。毎日の日課は寺院によって異なり、教学寺院では教理学習が中心なのだが、ここでは、瞑想寺院であるマハースィー寺院のスケジュールについて紹介しておこう。(2)

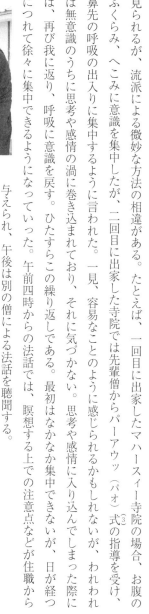

2　瞑想寺院の一日

起床するとすぐ洗面し、講堂に移動して瞑想を開始する。瞑想中には呼吸に意識を集中するという点で共通性が見られるが、流派による微妙な方法の相違がある。たとえば、一回目に出家したマハースィー寺院の場合、お腹のふくらみ、へこみに意識を集中したが、二回目に出家した寺院では先輩僧からパーアウッ（パオ）[3]式の指導を受け、鼻先の呼吸の出入りに集中するように言われた。一見、容易なことのように感じられるかもしれないが、われわれは無意識のうちに思考や感情の渦に巻き込まれており、それに気づかない。思考や感情に入り込んでしまった際には、再び我に返り、呼吸に意識を戻す。ひたすらこの繰り返しである。最初はなかなか集中できないが、日が経つにつれて徐々に集中できるようになっていった。午前四時からの法話では、瞑想する上での注意点などが住職から与えられ、午後は別の僧による法話を聴聞する。

写真 2-5　托鉢僧に布施する在家者

午前四時半からは軽食をとる。ただしこの時間は、八月時点のことであり、日の出の時間が遅くなる時期においては、やや遅くなるとのこと。寺男（カッピー、在家の雑役人）が調理した粥を、鉢に入れて無言で食べる。

午前五時半から七時半までの間は、托鉢に出る。筆者が修行したマハースィー寺院の出家者数は、時期によって異なり、水かけ祭り[4]期間中の休暇を利用して出家する人が最も多く、その時期には出家者が一〇〇名を超える。筆者が出家していたのは雨安居《うあんご》期間中で、この時期も比較的多く、約四〇名の出家者が一列に並ぶ。托鉢僧は、袈裟の上衣で両肩から身体をすっぽり覆い包み、鉢を両手で支えて素足で歩かなければならない。特に砂利道では、慣れないうちは足の裏が痛む。在家者からの布施のうち、米は鉢に、おかずは蓋のついたアルミ

瞑想寺院の１日

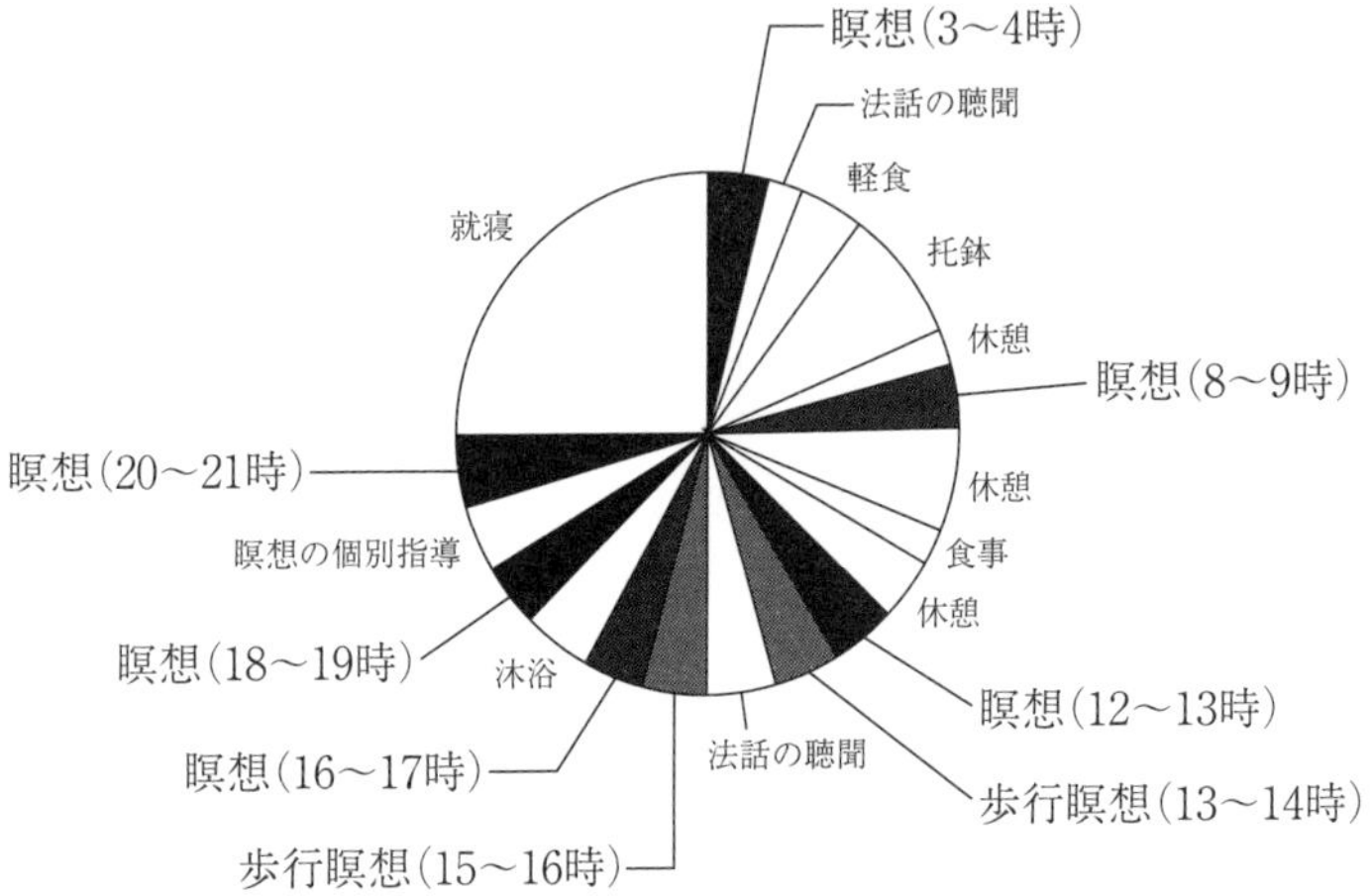

3：00 ～ 4：00　起床、瞑想
4：00 ～ 4：20　法話の聴聞《ちょうもん》
4：30 ～ 5：00　軽食
5：30 ～ 7：30　托鉢
8：00 ～ 9：00　瞑想
10：30 ～ 11：00　食事
12：00 ～ 13：00　瞑想
13：00 ～ 14：00　歩行瞑想
14：00 ～ 15：00　法話の聴聞
15：00 ～ 16：00　歩行瞑想
16：00 ～ 17：00　瞑想
17：00 ～ 18：00　沐浴
18：00 ～ 19：00　瞑想
19：00 ～ 20：00　瞑想の個別指導
20：00 ～ 21：00　瞑想
21：00　就寝

写真 2-6　裸足で托鉢する出家者

写真 2-7　托鉢時の筆者

またはプラスチックの容器の中に入れてもらう。通過時間はほぼ決まっており、訪問先の家の戸口には、家族の一員が僧の行列を待つ。多くの方から布施を受け、途中で鉢は一杯になるが、それを寺男が回収して、さらに托鉢を続ける。ただし托鉢で得る食事の他、暖かい汁物や惣菜を寺男が作ったり、別に大口の布施があり、食糧をすべて托鉢で得ているわけではない。

　寺院に戻ると、午前八時から九時に再び瞑想を行い、午前一〇時半〜一一時の間に昼食をとる。二回目に出家した寺院では、皿に入れた食事をとったが、最初に出家した寺院では戒律に厳格で、鉢のご飯におかずをかけて右手で食べた。この他、戒律には、食べ物を頬張って食べてはならない、舌を出したり、音を立てて食べてはならないなどの細かい規定が設けられている。ただし上座部仏教では、布施するためにわざわざ殺された肉や、人、象、馬、犬、蛇、ライオン、虎、豹、熊、ハイエナの肉以外であれば肉食は禁じられていない。

　食後は一時間ほどの昼寝である。筆者にとって夜の睡眠時間（六時間）は少なかったため、この昼寝の時間は貴重であった。

　午後は瞑想と歩行瞑想を一時間ずつ交互に行う。歩行瞑想とは、歩きながら足先に意識を向ける訓練である。足を持ち上げる、前に運ぶ、下ろすなどと念じながら、ゆっくり歩く。午後七時から八時までは住職による瞑想の個別指導が行われる。ここでは、一

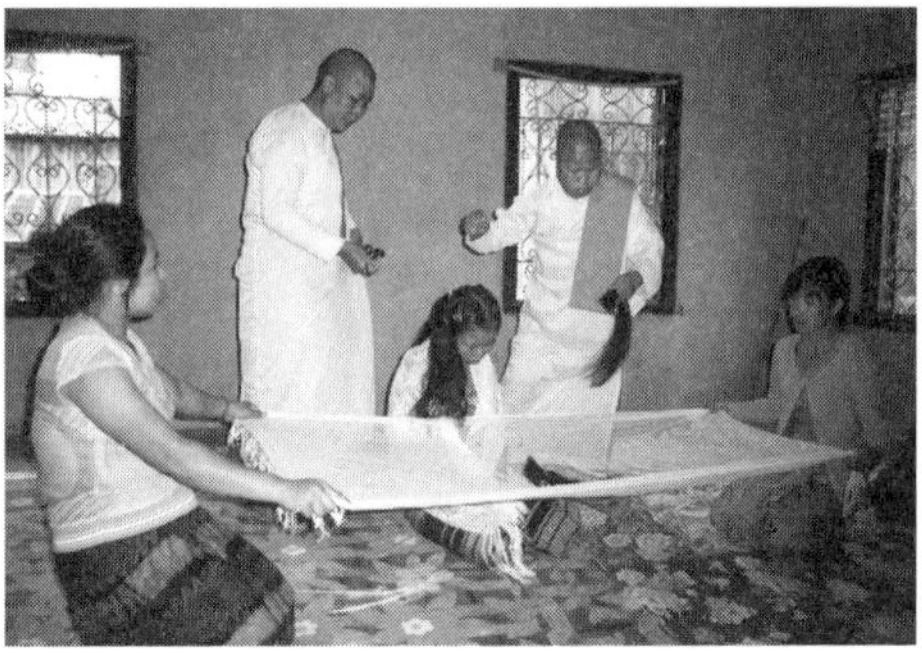

写真 2-8　剃髪するフィールドの「娘」

日の瞑想の状況について住職に報告し、住職からアドバイスを受ける。

午後九時にようやく就寝となる。床の上に薄いマットを敷き、上には蚊帳を吊るす。これでようやく一日のスケジュールが終わるのだが、座る瞑想が六時間、歩行瞑想は二時間で、合計八時間にわたって瞑想していたことになる。

三　出家と在家

このように、ほぼ一日中、瞑想に専念しても、筆者の出家していたのはそれぞれ約一か月～一か月半で、涅槃に向けた遠い道のりのなかでは、数歩を踏み出したに過ぎない。しかしミャンマーの出家者たちも、最初から涅槃を目指しているのはむしろ少数派で、出家の動機には様々なものがある。一回目に出家した寺院で筆者の面倒を見てくれた先輩僧は、もと農民で、老後に出家した僧であった。中には、出家によって在家時代の薬物中毒やアルコール中毒から抜け出そうとしている僧もいた。二回目に出家した際、ともに修行した僧の目的は、軍人になる前の積徳であった。徳を積んでおけば、運が良くなり、戦地でも危険にあわないと考えたのだという。筆者は先輩僧とともに、軍人になれば当然、殺生を行うことになるので、思いとどまるように説得したことがある。しかし軍人にならなければ生活は難しく、一定期間軍人となれば、当時は軍事政権だったため、退役後には政府関係の仕事にも就ける。生活のためだと言われ、返す言葉がなかった。還俗後、彼とは会っていないが、今では大佐に昇進しているという。

二回目の出家の際に施主を務めた方は、それまで面識がなかったにもかかわらず、出家後も時々、様子を見に来てくれた。出家を契機として家族同様の付き合いが始まり、筆者はその後、研究者となったが、調査を実施する際、彼は多大なる協力をしてくれている。現在でもSNSを利用して頻繁に連絡をくれるため、ミャンマーの生の状況がよくわかる。

その後、第七章で詳しく述べる中国雲南省での長期フィールドワークに筆者が従事していた際には、女性修行者の出家に際して、生活必需品の購入資金の施主になることを頼まれた。出家志願者は、お世話になった女性修行者の親戚の子で、面識はなかった。しかし筆者自身の出家の際にも見ず知らずの方に施主になってもらったため、喜んで引き受けた。それ以来、女性修行者からは養父（徳宏タイ語でポーレン）と呼ばれるようになった。今では彼女も還俗しているが、フィールドに行くたびに「娘」に会うのが楽しみになっている（写真2―8）。このように、積徳行を媒介として様々な人間関係が結ばれていくことも、筆者にとっては上座部仏教の魅力の一つである。

注

（1）ハンセン病・腫瘍・湿疹・結核・てんかんなどの病気があるか、人間か、男性か、奴隷ではないか、負債者ではないか、官吏ではないか、両親の同意を得ているか、満二〇歳であるか、などが出家志願者の資質として確認される。

（2）ミャンマーの教学寺院における日課については、生野［一九七五：一〇八］、池田［一九九五：一六九］をご参照いただきたい。

（3）ミャンマー南部のモーラミャイン付近に位置するパーアウッ（パオ）瞑想寺院を中心に実践者を増やしている瞑想法。

（4）上座部仏教徒社会で四月中旬頃に祝われる新年祭。ミャンマー語ではティンヂャン（ダヂャン）と呼ばれる。

参考文献

生野善應
　一九七五　『ビルマ佛教――その実態と修行』大蔵出版。
池田正隆
　一九九五　『ビルマ仏教――その歴史と儀礼・信仰』法藏館。

第三章　カンボジア

大坪加奈子

はじめに——上座部仏教国としてのカンボジア

カンボジアはインドシナ半島に位置し、タイ、ベトナム、ラオスと国境を接している。日本の約半分弱ほどの国土面積の四割が低平地であり、チベット高原を源流とするメコン川が南北に流れ、東南アジア最大の湖・トンレサープ湖を中央に擁する。カンボジアの主な生業は稲作を中心とした農業である。農村の人びとの生活は、農業サイクルと仏教行事のリズムによって秩序づけられている。

本章で取り上げるのは、カンボジアの大多数の人びとが実践する上座部仏教をめぐる状況である。カンボジアで上座部仏教が信仰されていることを知っている人はどのくらいいるだろうか。ミャンマーやタイ、スリランカと比べると、上座部仏教国としての存在感は小さいかもしれない。しかし、カンボジアでは人口の九割以上の人びとが上座部仏教を信仰する仏教徒であり、総人口の中で仏教徒が占める割合は東南アジアで最も大きい。また、カンボジアは上座部仏教を信仰する国々の中で仏教を「国教」とする唯一の国である。つまり、カンボジアにとって「仏教を信仰する」ということが国家の重要なアイデンティティになっている。そして、カンボジアの仏教の大きな特徴は、ポル・ポト政権下で完全に消滅させられたことだろう。それでも人びとは、破壊された寺院を再建し、仏教儀礼を再開して仏教を復興させてきた。現在も仏教は多くの人びとにとって心の拠り所であり、日々の暮らしと深く結びついている。こうした点に着目しながら、カンボジアで信仰されている上座部仏教の特性について述べたい。

一　仏教と暮らし

1　生活の中の仏教

カンボジアでひときわ目をひく建物はなんといっても仏教寺院である。都市でも農村でも、色とりどりに装飾された寺院を目にすることができる。とりわけ、寺院は農村の単調な景色に彩りを与えてくれる。青々とした田んぼが広がる景色の中にポツポツと色彩豊かな寺院が現れる。道に迷っても寺院名を言えばたいていの人は教えてくれるし、地図の読めないバイクタクシーの運転手も、寺院名さえ告げれば間違いなく連れて行ってくれるだろう。このように、寺院は地域の重要なランドマークになっている。それは、寺院が地域に根付いている証左でもある。

上座部仏教は人びとの暮らしと深く関わっている。カンボジアの年中行事の多くが寺院を舞台に開催されており、人びとが寺院を訪れて食べ物や金銭を布施し、功徳を積む機会になっている。国民の祝日になっている仏教行事も多い。とりわけ、プチュムバン祭と呼ばれる先祖供養の儀礼（日本のお盆に相当）は寺院で二週間にわたって大規模に行われるもので、最後の三日間は祝日になっている。寺院で開催される主な年中行事は表3—1のとおりである。

人生の節目に自宅で行う仏教儀礼も数多い。例えば、葬式や結婚式、家の新築祝いにも出家者を招いて儀礼を開催する。また、親族が帰省した時や旅立ちの時、悪いことが続いた時、病気がなかなか治らない時にも除災招福や病気平癒を願って出家者を招いて読経してもらうことがある。

表 3-1　寺院で開催される主な年中行事（カンボジア）

名称	開催時期
定期開催	
●正月（クメール正月）（口絵 2 参照）	4 月
●仏誕節（ブッダの誕生・成道・入滅を記念）	4-5 月
●入安居《いりあんご》	7-8 月
プチュムバン祭（祖先供養の儀礼）	9-10 月
●出安居《であんご》	10 月
●カティナ衣奉献祭（特別な僧衣を献上する祭）（口絵 3 参照）	10-11 月
お月見	11 月
●万仏節《まんぶつせつ》	1-3 月
不定期開催	
花祭り（主に資金を集めるために開催）	不定期

●は他の上座部仏教を信仰する多くの国々・地域で開催されている。

月に四回めぐってくる持戒日《じかいび》は仏教徒にとって大切な日であり、たくさんの人が寺院に参詣して善行為によって功徳を積む。具体的には、僧への食事や金品の布施、読経、受戒などを行う。受戒とは僧より五戒か八戒を受けることをいう。戒は形式上、僧より授けられるもので、僧侶に続いてパーリ語で「生き物を殺すことから離れる戒を受けて守ります」などの戒の条文を唱える。持戒日に受戒する大半は女性で、中でも高齢者が多い。カンボジアでは高齢期に入ると生業から離れ、五戒か八戒（戒の詳細は一八ページを参照）を守って生活することが望ましいと考えられている。

カンボジアでは一般的に、「善い行いをすれば善い結果が返ってくる」「悪い行いをすれば悪い結果が返ってくる」という因果応報的な業の思想が広く浸透している。つまり、自分の行い（業）は必ずそれに応じた結果をもたらし、命が尽きれば自分の行いにふさわしい場所に転生すると考えられている。より良く生まれ変わるためには、功徳を積んでおく必要があるという。死はいつやってくるかわからない。しかし、老いた者にとって死はなおさら現実的である。仏教実践は次の生に向けた準備でもある。

◆コラム――功徳を分かち合う

ある日の夕方、少し離れた寺院から「ゴーン」と鐘が鳴り響くのが聞こえた。「ああ、そうか。明日は寺に行く日か」と気づく。寺院から聞こえる鐘の音は、「明日は持戒日《じかいび》だ」ということを地域の人に知らせた。私は農村での住み込み調査中、持戒日《じかいび》には必ず寺院に行くことにしていた。お坊さんに布施するための食事を三段重ねの弁当箱につめて持参する。お坊さんからの食事のお下がりは集まった信徒たちで食べる。「これ美味しいね」「こっちのおかずもどうぞ」と言いながら、数人のグループでおかずを分け合いながら食べる様子はまるで遠足のようだといつも思う。

住み込み先のおばあさんは、高齢で寺院に行くのが難しくなったため、お坊さんにお布施して欲しいといつも私に食べ物やお金をもたせた。おばあさんは熱心な仏教徒で、死後は天界に生まれ変わりたいと言っていた。だから、おばあさんは私が寺院に行くことをとても喜んでくれた。無事に寺院でのお布施を終えて寺院から戻ると、真っ先に私はおばあさんに回向《えこう》した。回向とは自分が積んだ功徳を他者と分かち合うことだ。合掌し、相手に向かって回向する」と言う。

私　　　　「積んだ功徳をおばあさんに回向します」

おばあさん　「サートゥ・サートゥ・サートゥ（善きかな。善きかな。善きかな）」

おばあさんはうれしそうに合掌して、「サートゥ」と三度繰り返した。他人の善行に対して共に喜ぶこと（随《ずい》喜《き》)でおばあさんも功徳を得られる。こうした功徳の回向は生者だけではなく死者に対しても頻繁にみられた。死者が功徳を受けとっているかわからないが回向することはとても重要だった。死んでもなお、残された人との関係はつづく。今は亡きおばあさんは無事に天界に生まれ変わっただろうか。ろくに恩返しもできないまま、おばあさんを失ってしまった私は、今でも時々おばあさんを思い出して功徳を回向している。

2　ひらかれた寺院

寺院は出家者が暮らし、仏教儀礼が行われる宗教施設だ。それと同時に、誰もが出入り自由な公共施設でもある。

写真 3-1　講堂の外観（スヴァーイリエン州）

寺院はいくつかの建物で構成されており、その一例が図3―1である。基本的にどの寺院にも次の三つの施設が備わっている。まず、結界による浄域をもち出家式や特別な儀礼が行われる「戒壇《かいだん》（布薩堂《ふさつどう》）（口絵5参照）」、僧や見習僧が寝泊まりする「僧房」、集会所としての役割をもつ「講堂」がある（写真3―1）。講堂には信徒が最もよく集まり、持戒日や仏教儀礼の際に人びとが食事や休憩をする。また、農村の寺院では「火葬場」[1]があることが多く、その場合は寺院まで遺族や友人らが葬列を組んで遺体を搬送して火葬される。なお、ミャンマーでよく見られる仏塔は、カンボジアではあまり見られない。一部の寺院では仏塔が境内に配置されていることがあるものの、一般的ではない。

広い境内は色々な用途で使用される。例えば、選挙の投票所やNGOなどのワークショップ会場として用いられる。また、大きな仏教儀礼が開催される際

図 3-1　寺院境内の配置図（一例）

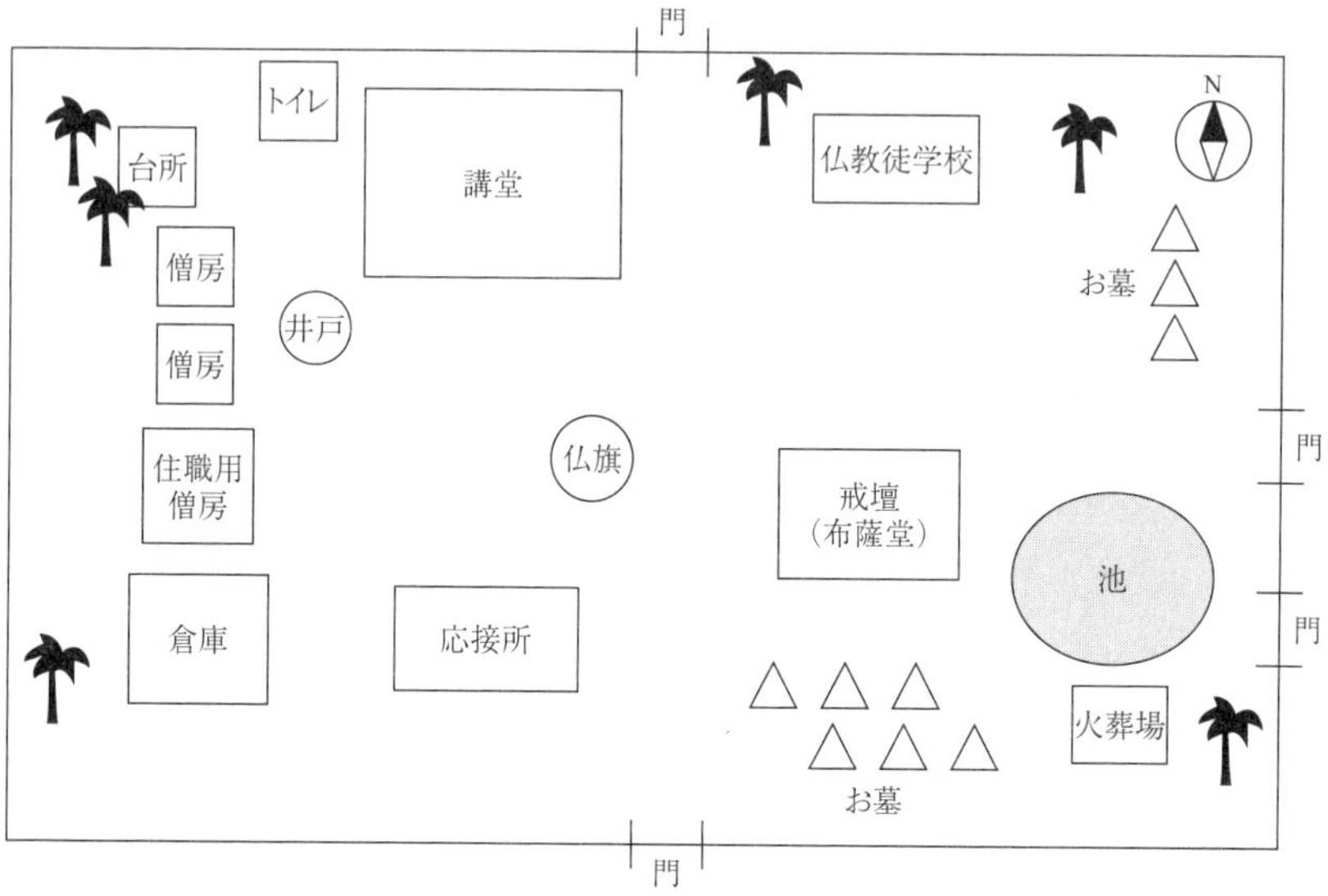

には、映画が上映されたり、演劇が催されたりして大勢で賑わう。参集者が境内のスピーカーから大音量で流れる曲に合わせてダンスをすることもある（写真3―2）。村に滞在中、夜中まで村中に音楽が鳴り響くのには困惑したが、祭だからと特別に許されるらしい。このように、寺院は出家者が暮らし、修行をする場所というだけではなく、いろんな顔をもっている。

　その他、寺院によっては仏教を学ぶための学校が併設されている。カンボジアの仏教教育課程は「トアンマヴィネイ（基礎的な仏法や律を学ぶ）」と「仏教徒学習[2]（初等・中等・高等課程）」により構成されており、それぞれ「トアンマヴィネイ学校」と「仏教徒学校」がある。後者では仏教に関する科目の他、一般教育科目も提供されており、公立学校と同等の卒業資格が得られる。これらの初等・中等課程では在家者も学ぶことができるが、学生の大半は見習僧である[3]。高等課程では仏教以外の学科も設置されている三つの大学[4]があり、女性も在籍している。

　また、寺院には境内に公立学校（普通教育）が配置されていることがある。かつての寺院は教育の場であり、一九世紀まで寺院で男子児童に読み書きや道徳教育が行われていた。近代的な教育制度が導入され、教育の場が寺院から切り離された今でも寺院と学校は協力関係がある。学校が寺院の建物を間借りしているケースや寺院内に学校が併設されていることがある。

3　寺院とモノとカネ

様々な用途で使用される寺院には、たくさんのモノとカネが集まる。在家者の支援で、発電機、テント、食器類、テーブル、椅子、マイク、スピーカー、車、リヤカーなどさまざまなモノが寺院に保管されている。それらは人びとが自宅で儀礼を開催する際に貸し出されることがある。

写真 3-2　寺院で踊る女性たち。新年のお祭りには若者も着飾って寺院に集う。（スヴァーイリエン州）

寺院にはカネが集まるがゆえに、寺院の整備は終わることを知らない。いつも寺院のどこかを修繕したり建設したりしている。ある農村の寺院を訪れた際に、「見て下さい。私たちの寺はとても貧しいんです」と言われたことがある。村が貧しいから寺院の建築も進まないと嘆いていた。寺院は、「仏教隆盛を願う人々の気持ちを直接反映する象徴的存在」である［佐々木　一九九九：一二〇］。寺院と村は運命共同体といえるかもしれない。寺院の建物の状態が、地域の経済状態やそこに住まう出家者がどれだけ信徒を集めているかを示す指標の一つにもなっている。

二　出家者と俗人組織

1　なぜ出家するのか

初期の仏教教団の衣食住にかかわる原則は四依《しえ》（糞掃衣《ふんぞうえ》、乞食《こつじき》、樹下住《じゅかじゅう》、陳棄薬《ちんきやく》）である。すなわち、人の捨てた布や衣を身にまとい（糞掃衣）、家々をまわって食事を得て（乞食）、樹下を住まいとし（樹下住）、牛の尿からつくられた薬（陳棄薬）を用いる。しかし、在家者が寄進してくれるなら、新しい衣を着て家に住み、ご馳走に招待されても構わず、出家者がどういったかたちの生活をするかは在家者の心持ちにかかっている［佐々木　一九九九：一〇六］。四依を最低ラインの生活様式とするならば、今日のカンボジアの出家者は在家者の支援のお陰で、それよりもはるかに安楽な状況にあり、四依のみで生きる者はほとんどいないと思われる[5]。

カンボジアの出家者には、僧と見習僧がいる。また、出家者ではない男児が寺院で暮らすことがある。男児は僧の身の回りの世話や雑用などをしながらお経を覚え、住職より許しを得て見習僧として出家する。かつてカンボジアでは「男子なら一生のうちに一度は出家することが望ましい」と考えられてきた。一九五九年から一九六〇年にかけて農村で調査をしたエビハラ［Ebihara 1968: 385］によると、調査村では一七歳以上の男性の四分の三が出家していたという。しかし、現在のカンボジアでは「男子であれば一度は出家を経験する」という習慣はなくなりつつあり、出家をすることなく一生を終える人の方が多い。

「出家」とはこれまでの俗人としての身分を棄てて、涅槃《ねはん》のための修行生活に入ることである。具体的には、これまで住んでいた家を離れて、寺院で集団生活をしながら修行することである。現代のカンボジアで出家することの意味は何だろうか。出家の理由は人それぞれだが、ブッダのように苦からの解放を目指して出家する人は非常に少数派である。現実には世俗的な理由で出家する方がはるかに多い。まず、勉強を続けるために期間限定で出家する人が多く、この点については他国でも同様の事情が見受けられる（ラオスの章参照）。とりわけ、若い見習僧の場合は家が貧しいなどの経済的要因が大きい。見習僧になれば、寺院で暮らしながら学校に通えるため、在家者よりも衣食住についての経済的負担が少ない。また、仏教徒学校を卒業すると公立学校と同等の卒業資格が得られることも男児の出家を後押ししていると考えられる。仏教徒学校で学んだ後、首都プノンペンの一般の大学に進学して経営、英語、コンピューターなどを学ぶ僧や見習僧も多い。

筆者の見習僧への聞き取り調査では、「医師になりたい」「教師になりたい」といった、具体的な将来の夢について語る者が圧倒的に多かった。つまり大部分の人にとっての出家は何らかの世俗的な目的を果たすための手段であり、将来は還俗《げんぞく》する（僧・見習僧を辞める）ことを想定したものとなっている。ただし、「家が貧しいから」「勉強を続けるため」といった理由で出家したとしても、生涯にわたって僧侶であり続ける人がいることも事実である。その他にもいろいろな理由で出家する人がいる。例えば、「親との関係に悩みがある」「結婚生活に疲れた」「薬物依存から抜け出したい」「死ぬのが怖くなった」「今の生活を変えたい」といった理由で出家した人たちに出会った。出家する理由はさまざまで、人生の数だけ出家にいたった理由があるようだ。

写真 3-3　文字を学ぶ見習僧。（スヴァーイリエン州）

2　寺院で暮らす女性修行者

現在、カンボジアではブッダの時代に存在した「女性が比丘尼《びくに》になる」という道は途絶えているものの、寺院で宗教的な生活を送る女性修行者がいる。こ

写真 3-4　修行の合間にジュース屋さんでほっと一息をつくドーンチーたち。（コンダール州）

うした人びとは正式な出家者とはみなされないが、出家者と同様に寺院で生活しながら修行している（上座部仏教における女性修行者については高橋［二〇一一］や飯國［二〇一〇］等の論考に詳しい）。

カンボジアの女性修行者はドーンチーやイェイチーと呼ばれ、八戒を守りながら寺院で暮らしている。農村地域のドーンチーの大半は高齢の女性である。彼女たちは剃髪し、上下ともに白い布を身につけるか、白色の上着に黒色の長い巻きスカートを身につけることが多い（口絵4参照）。同じ敷地内に僧・見習僧も生活しているが、そこから離れた場所に女性修行者用の住まいが配置されている。

ドーンチーの暮らしはどのようなものだろうか。友人がドーンチーとして出家したコンダール州の寺院の様子について記したい。友人を頼って寺院を訪れると、ドーンチーが多いことに大変驚いた。時期によって変動があるものの、ドーンチー八〇人、ターチー（男性修行者）一〇人、僧・見習僧一七人が滞在していた（二〇一七年当時）。寺院では論蔵（教説を整理し、理論的にまとめたもの）の教育や瞑想指導が行われ、在家者対象の瞑想コースもひらかれている。住まいについては、ドーンチー専用の小屋や長屋があり、それぞれに個室が用意されていた。トイレや水浴び場は共用だが、非常に清潔に保たれていた。彼女らは僧・見習僧の世話や寺院の掃除、客人の受け入れなどの雑務をしながら、仏教学習や瞑想修行を行う。食事の準備や身の回りの世話は各自でする。仏教儀礼ではドーンチーらが僧らと共に在家者に招かれ、布施を受け取ることもあった。このように、雑務をこなしながら寺院で宗教的な生活を送ることは想像以上に忙しい。

今日、ドーンチーになる理由はさまざまだ。身寄りがないため、生活に疲れたため、一時的な修行のため、涅槃を目指すためなど、それぞれの事情がある。離婚経験者、未婚の者、寡婦も多い。高齢の女性が大半であるが、三〇代も数名いた。世俗社会には戻らないと決意して寺院に来るものの、寺院での人間関係や生活上の問題、家庭の事情等でやむをえず寺院を去っていく人も少なくない。

ドーンチーになった友人（五〇歳）は夫と一〇年以上前に離別し、三人の子どもを一人で苦労して育てた。彼女はドーンチーになる前から八戒を守る熱心な仏教徒で、「生まれては死んで、また生まれて死んでいく。もううんざりだ」「死ぬまで寺院で修行しながら涅槃《ねはん》を目指したい」と語っていた。

上座部仏教では、涅槃をめぐって諸説あるものの、友人や他の女性修行者たちは出家者／在家者、男性／女性の区別なく、同様に悟ることができると語っていた。そして、友人はよく「テーリーガーター[6]（長老尼偈経）」というお経に出てくるソーナ長老尼の話をしてくれた。ソーナは夫が出家して一人になり、独立した子どもたちを頼るものの邪魔者扱いされた。そして、行き場を失った末に出家し、最終的に精進によって涅槃に至ったという長老尼である。子どもたちとの関係に悩んでいた彼女は、ソーナ長老尼と自分の人生を重ね合わせていたのかもしれない。友人にとって、仏教修行は確かに生きる支えになっていた。

3　出家者と在家者をつなぐ「寺委員会」

カンボジアの寺院の発展は寺委員会にかかっていると言って過言ではない。寺委員会は寺院運営に関わるあらゆるサポートを行う組織で、在家者によって構成されている。例えば、寺院で開催する仏教儀礼の運営、地域住民への連絡や布施の呼びかけ、金品や建物といった資産の管理などがあり、住職をはじめとする出家者と相談しながら動いている。

寺委員会の中で、最も重要な役割を担うのが寺院アチャー[7]（以下、アチャー）だ。アチャーは在家者でありながら

写真3-5　寺院で儀礼を仕切る寺院アチャー（前列の2名）と寺委員会の人びと。出家者と在家者の仲介役になっている。（スヴァーイリエン州）

も仏教儀礼の専門家である。出家経験をもち、仏教に関する知識が豊富な高齢男性であることが多い。主な仕事は、住職の補佐や仏教儀礼の際に先導してお経を唱えること、寺院の運営全般に関することである。寺委員会をまとめて全体を統括する役割を担っている（写真3―5）。住職とアチャーはよく夫婦に喩えられる。寺院は出家者だけでは成り立たず、出家者とアチャーが二人三脚で寺院を支える必要があるからだ。

寺院運営においてアチャーは非常に重要である。その要因として出家者の入れ替わりが激しいことが挙げられる。筆者の調査村では還俗や都会の寺院への移動などにより、住職以外の僧・見習僧は常に入れ替わっていた。一方で、アチャーは病気や何か問題が起きた場合を除けば途中で辞めることは少なく、継続して寺院を支えることができる。

アチャーの重要性については政府も認識しており、宗教省は二〇一〇年からアチャーを育成する研修を実施している。この研修は既存のアチャーやアチャーを志望する人を対象とし、それまでバラバラだった知識や実践の統一を図るものでもある。今では誰でも仏典や仏教に関する情報にアクセスできるようになり、アチャーや寺委員会の発言やふるまいに対して不信感をもつ人もいる。そのため、研修によって正しい知識を身につけてもらおうという一方で、これまで高齢男性が多かったアチャーに対して、女性や若い人たちを育成しようとする側面もある。実際に、非常に少ないが女性のアチャーも出てきている。時代とともにアチャーのあり方も変わりつつあるようだ。

三 仏教の断絶と復興

1 消えた仏教

ポル・ポト時代とは、一九七五年四月から一九七九年一月までのポル・ポトという人物が率いる政権によって統治された時代のことである。ポル・ポトは、あらゆる既存の社会制度や伝統的価値観を否定し、共産主義にもとづく集団農業を基盤とした新しい社会をゼロから作ろうとした。都市住民は農村に強制的に移住させられ、農業の集団化、市場や通貨の廃止、強制集団結婚が行われた。ポル・ポト政権下では仏教も含めて全ての宗教が禁止された。生産活動に従事しない出家者は、「役に立たない寄生虫で、人民の血を吸うヒル」［Keyes 1994: 56］と見なされ、強制的に還俗させられるか殺害された。寺院は処刑場、病院、畜舎、食糧倉庫など別の用途に使用され、仏典は焼き払われ、仏像は破壊された。一九七六年のはじめには仏教儀礼や社会における仏教の役割は強制的に消滅させられたという［Chantou Boua 1991: 235］。ポル・ポト時代のわずか四年足らずの間に、虐殺や粛清、過酷な労働、病気、栄養失調などによって当時の人口の二～三割にあたる一七〇万人以上が命を落としたといわれている。

写真3-6 「追悼の日（5月20日）」にポル・ポト時代の犠牲者の墓の前でお経を唱える出家者と在家者。（スヴァーイリエン州）

2 復興する仏教

このように壊滅状態となった仏教であったが、一九七九年一月、ポル・

ポト政権が崩壊してヘン・サムリン政権が樹立すると、仏教は復興への道を歩み始めた。ポル・ポト時代にいなくなった出家者をどうやって復活させたのか。教理上、僧になるための手続きとなる出家式には最低でも五名の僧が必要だった。そこで、ベトナムの後ろ盾を得ていたヘン・サムリン政権はベトナムから上座部仏教僧を招聘した。具体的には、一九七九年九月に政府公認の出家式を行い、ベトナム南部のメコンデルタからやってきた授戒師の下で七名が出家した（この点については、ヤン・サム［Yang Sam 1987］や林［一九九八］の報告、リー・ソヴィーの記述に基づく小林［二〇〇六］の報告に詳しい）。そして、これよりも前に行われた出家は全て無効とした。例えば、ベトナムから授戒師を招いて出家したスヴァーイリエン州の僧は、その出家を無効とされ、州を統括する州僧長の下で再出家させられた。このように、出家行動は政府によって厳しく統制されていた。当時、一八歳以上の男性には徴兵や徴用があったため、対象となる男性の出家を抑制する必要があったと思われる。

他にも出家については様々な制限があり、出家できる者は五〇歳以上の男子だけに限られていた。また、政府はこれまでカンボジアに存在した宗派であるマハーニカーイとトアンマユット(8)の区別を認めず、統一サンガとした。二派から構成されるサンガ組織が復興したのは一九九一年になってからだった。一九八〇年代後半から政府は仏教政策を軟化させ、一九八九年に再び仏教を国教とし、出家者の年齢制限も撤廃した。

一方、ポル・ポト政権崩壊後、一般の人びとは出家者が不在のまま、自分たちで仏教の復興に向けた活動を再開させた。筆者の調査村では、一九八〇年からアチャーを中心に寺院の復興に着手している。まず、村内の高床式の家屋を寺院に移動させて出家者の住居である僧房とし、僧を招いた。それと同時に、簡易な講堂を建設したとされる。一九八五年になると壊れたままだった戒壇を修繕することができた。しかし、生きていくために生活を立て直すことが最優先であり、多額の資金を必要とする本格的な建設に着手するまでにはさらに時間を要している。

おわりに

1　今日のカンボジア仏教

カンボジアは一九四七年から現在までにいくつもの政治体制を経験してきた。これまでに六つの憲法が存在し、その度に国名も改称されている。度重なる政体の転換や内戦、虐殺を経験したカンボジアの仏教は、内戦前とどのように変わったのだろうか。

一九九三年に採択されたカンボジア王国憲法では、信教の自由を規定するとともに、仏教を国教と定めている。さらに、国是として「民族・宗教・国王」を掲げている。この宗教とは仏教をさしており、仏教は国家の三本柱の一つとなっている。

冒頭で述べたように、カンボジアでは「仏教を信仰する」ということが国家の重要なアイデンティティになっている。政教分離はなされておらず、むしろ政治と仏教は密接に関わっている。カレンダーでは西暦と並んで仏暦[9]が用いられ、仏誕節は国民の休日になっており、国定教科書には仏教についての記述がある。国政選挙の時には二派の大管僧長[10]が各政党の割当番号を決めるくじを引き、全国幹部僧会議[11]では副首相などの政府高官が参加して共にお経を唱える。

今日、寺院数は年々増え続け、出家者数は内戦前を上回っている[12]（図3―2、図3―3参照）。また、出家者数の増加が著しく、二〇一六年時点で一九九二年の三倍近くにもなっている。国内の至るところで寺院の建設や整備が行われ、プノンペンの街を歩くとオレンジ色の袈裟を身にまとった出家者に出会うことだろう。都市部や農村問わず、持戒日の寺院はたくさんの人で賑わう。

図 3-2　寺院数の変遷

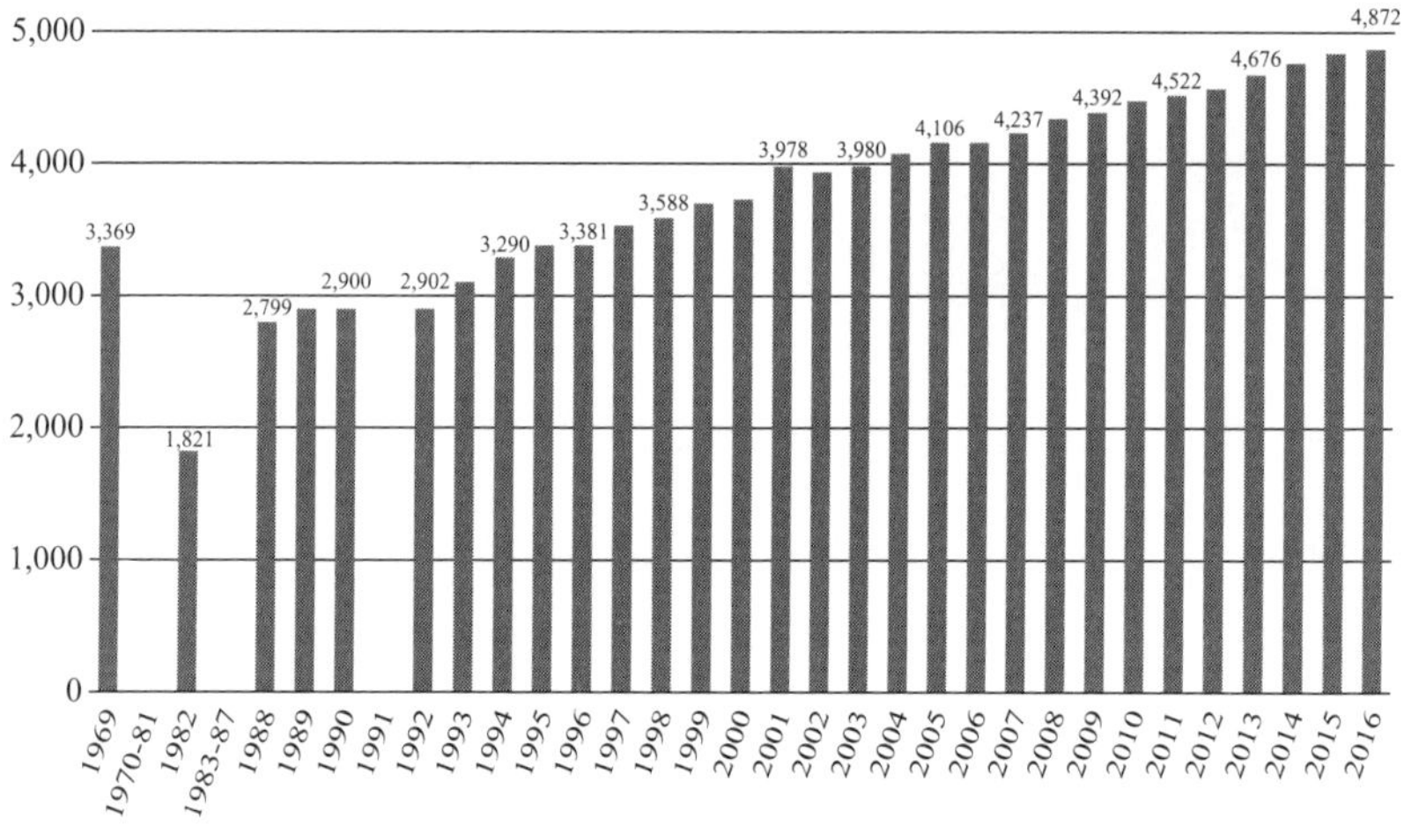

出典：1969 ～ 2005 年は小林［2006］、その他は宗教省統計資料を参照して筆者作成。
（1970 ～ 81 年、1983 ～ 87 年、1991 年はデータなし）

図 3-3　出家者数の変遷

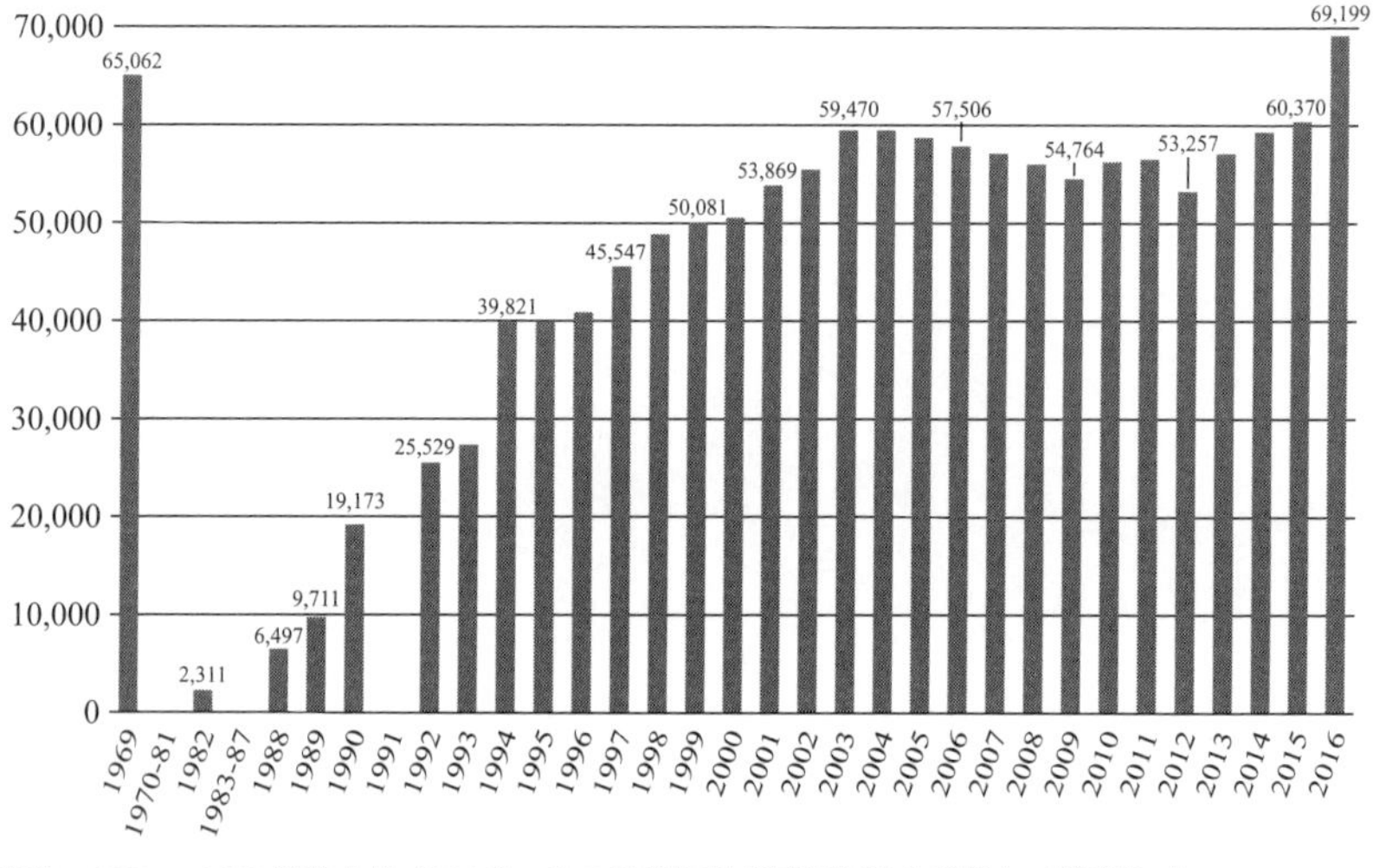

出典：1969 ～ 2005 年は小林［2006］、その他は宗教省統計資料を参照して筆者作成。
（1970 ～ 81 年、1983 ～ 87 年、1991 年はデータなし）

仏教儀礼は年々絢爛豪華《けんらんごうか》になっているようだ。寺院では「ぜひ参加してください」と仏教儀礼への招待状が飛び交い、「慈悲のある仏教徒の皆さん、功徳を積みましょう」と布施を呼びかける。布施の機会には事欠かないくらいあちこちで仏教儀礼が開催されている。どこにいてもインターネットで法話を聴くことができるし、仏典や仏教に関する情報にも簡単にアクセスができる。インターネットの情報をもとに、地元から遠く離れた寺院の瞑想コースに参加することもできる。

このように、仏教実践は地域を越えて展開されるようになった。寺委員会のおじいさんたちはフェイスブックで仏教儀礼の情報を載せ、出家者が法話をライブ配信する。カンボジアの仏教は内戦前と比較すると、寺院や出家者数などの量的な面では復興を遂げており、仏教実践はインターネットの普及により、ひらかれたものに変化してきたといえる。

2　政治と仏教

仏教実践がひらかれていく一方で、出家者が政治にかかわる場面では緊迫した事態が生じていた。二〇一三年の国民議会選挙では、野党・救国党を支援する出家者の存在が問題になっていた。カンボジアの出家者は、一九九三年から一般市民と同様に選挙権をもっている。選挙キャンペーンの期間中に開催された幹部僧会議では、与党・カンボジア人民党(以下、人民党)を支援する僧や政治家たちが登壇し、人民党に投票するよう呼びかけていた。会議では、「仏教は国教である」「仏教を復興してきたのは人民党である」と政府高官が繰り返し強調した。

一方、救国党を支持する一部の出家者の活動も活発化した。その後に実施された選挙では、救国党が人民党に僅差で敗れる結果となった。救国党支持者が選挙の不正を訴えてデモを行うと、これに対処するかたちで大管僧長や州僧長が僧や寺委員会のデモ参加を禁じる通達を出した。つまり、出家者が人民党の支援活動に参加することは許されていたのに対して、野党の活動に参加することには厳しい措置がとられていた。

そして、選挙後の混乱がつづく中、二〇一三年一二月に出家者が率いる「法の行進」が行われた。行進は社会正義を求めるもので、救国党支持者が多く参加していた。「法の行進」の際、スヴァーイリエン州では行進の参加者を寺院境内に入れないよう幹部僧から各寺院に指示があった。筆者は「なぜ行進の参加者を寺院に入れてはいけないのですか。仏教は国教[13]（直訳すると、国家の仏教）ですね。仏教はみんなのものではないのですか」と知り合いの僧に尋ねた[14]。すると、彼は「「国家の」というのは「人民党の」という意味だよ。寺院は人民党のものだ」と皮肉を込めた様子で答えた。

実際に、多数派であるマハーニカーイ派の幹部僧は人民党と密接な関係にあった。選挙翌年の二〇一四年に開催されたマハーニカーイ派の全国幹部僧会議の公告では、フン・セン首相が率いる四辺形戦略（国家開発戦略の名称）を支持し続けると述べられている。その後、人民党は強硬姿勢を強め、二〇一七年に救国党党首が逮捕され、救国党は解党処分となり、政府に批判的な主要メディアは閉鎖に追い込まれた。二〇一八年の国民議会選挙では人民党が全議席を獲得し、事実上の一党独裁状態となっている。

本来、出家者集団は世俗社会に組み込まれながらも世俗とは異なる価値観・ルールで生きる独立した存在のはずである。しかし、マハーニカーイ派幹部僧は、強権的な政治運営を行う与党を支援してきた。そして、党による支配は、一見すると政治とは無関係に思える仏教にまで及んでおり、村の小さな寺院でさえもその影響から逃れることはできない。カンボジア仏教を理解するうえで、政治と仏教の関わりについて注視していくことは非常に重要である。

注

（1）　火葬する建物が設置されていることもあるが、屋根のみの場合や野焼き場の場合など様々である。なお、プノンペン都の中心部では火葬が禁止されており、郊外へ移設されている。

（2）初等課程（三年）・中等課程前期（三年）・中等課程後期（三年）・高等課程（四年）がある。

（3）トアンマヴィネイ学校では在家者も学ぶことがあり、調査寺院では数人のおばあさんたちが学んでいた。一方、州都の仏教徒学校では中年女性一名が在学していたが、地方で俗人女性が学ぶのは非常に珍しいケースであった。

（4）プノンペン都にシハヌーク仏教大学（他州に分校あり）およびシハモニ仏教大学、コンポンチャーム州にフン・セン仏教大学がある。

（5）四依（しえ）に近い出家者の生活規範として頭陀行（ずだぎょう）がある。頭陀行では一日一食、鉢一杯の食事、常に座ったままで横にならない等の一三項目の規定がある。かつては存在したものの、今日のカンボジアでは頭陀行をする僧の話を聞くことがない。

（6）経蔵小部に収録されたもの。王妃、王族やバラモン階級の娘、資産家の妻、遊女、一般庶民などのさまざまな身分の女性たちがブッダと出会い、悟りをひらいた心境が語られている［cf. 中村訳　一九八二］。

（7）アチャーとは、サンスクリット語の **ācārya** を語源とし、教師などの意味がある［坂本　二〇〇二］。アチャーには「寺院アチャー」のほか、家庭での仏教儀礼を主導する「儀礼アチャー」、説法を専門にする「仏法のアチャー」などがいる。「寺院アチャー」と「儀礼アチャー」は兼任されることが多い。

（8）シャム（現在のタイ）の寺院に止住していたカンボジア人僧侶が帰国し、一八五四年に「トアンマユット派」が導入された［笹川　二〇〇九］。それによって、伝統的な実践を行う在来派が「マハーニカーイ」という名称に統一された。

（9）ブッダが入滅（にゅうめつ）した（亡くなった）年を基準とする暦（こよみ）で、カンボジアではタイやラオスと同様に入滅の翌年（紀元前五四三年）を仏暦元年としている。他方、スリランカやミャンマーでは入滅した年（紀元前五四四年）を仏暦元年としており、タイ・ラオス・カンボジアとは一年の差がある。

（10）宗派毎の僧組織において最も上位の役職に就く僧侶。

（11）毎年度、二派合同で開催されており、州（都）や郡（区）で役職に就く僧の他、寺院アチャーやドーンチー、本省・各州（都）の宗教省職員、来賓（他宗教組織や各国の大使等）が参加する。

（12）ただし、人口あたりの出家者数は内戦前を下回る。一九六九年の人口約六八八万人に対し出家者約六万五〇〇〇人であり、人口の約〇・九％が出家していた。現在では、二〇一六年の人口約一五七七万人に対し出家者約六万九〇〇〇人であり、約〇・四％程度となっている（人口は国連経済社会局（**UNDESA**）による推計）。

（13）憲法第四三条にある「仏教は、国教とする」という一文に対応するクメール語を単語ごとにみると、「仏教（プレァハプットサースナー）」「は〜である（チィア）」「宗教（サースナー）」「の（ロボッホ）」「国家（ロアット）」となる。

（14）知り合いの僧がどの政党を支持しているかを公言することはなかったが、普段の語りからは野党を支持していたと思われる。

参考文献

Chantou Boua

1991　Genocide of a Religious Group: Pol Pot and Cambodia's Buddhist Monks. In Bushnell, P. Timothy, Vladimir Shlapentokh, Christopher K. Vanderpool, and Jeyaratnam Sundram (eds.), *State Organized Terror: The Case of Violent Internal Repression.* pp.227-240, Boulder: Westview Press.

Ebihara, May M.

1968　*Svay, A Khmer Village in Cambodia.* Ph.D. dissertation, Department of Anthropology, Colombia University.

林　行夫

一九九八　「カンボジアにおける仏教実践——担い手と寺院の復興」大橋久利編『カンボジア——社会と文化のダイナミックス』古今書院、一五三—二一九頁。

飯國有佳子

二〇一〇　『ミャンマーの女性修行者ティーラシン——出家と在家のはざまを生きる人々』風響社。

Keyes, Charles F.

1994　Communist Revolution and the Buddhist Past in Cambodia. In Charles F. Keyes, Laurel Kendall, and Helen Hardacre (eds.), *Asian Visions of Authority: Religion and the Modern States of East and Southeast Asia.* pp.43-73. Honolulu: University of Hawai'i Press.

小林　知

二〇〇六　「現代カンボジアにおける宗教制度に関する一考察——上座仏教を中心として」『東南アジア大陸部・西南中国の宗教と社会変容——制度・境域・実践』平成一五〜平成一七年度科学研究補助金（基盤研究（A）研究代表者　林行夫）研究成果報告書、五三三—六一五頁。

中村元訳

一九八二　『尼僧の告白——テーリーガーター』岩波書店。

坂本恭章
　二〇〇一　『カンボジア語辞典』東京外国語大学アジア・アフリカ言語文化研究所。
笹川秀夫
　二〇〇九　「植民地期のカンボジアにおける対仏教政策と仏教界の反応」『Kyoto Working Papers on Area Studies』八五：一―二七。
佐々木閑
　一九九九　『出家とはなにか』大蔵出版。
高橋美和
　二〇一一　「女性と仏教寺院」奈良康明・下田正弘・林行夫編『新アジア仏教史〇四　スリランカ・東南アジア　静と動の仏教』佼成出版社、四一六―四四九頁。
Yang Sam
　1987　*Khmer Buddhism and Politics from 1954 to 1984*. Newington: Khmer Studies Institute.
United Nations Department of Economic and Social Affairs（UNDESA）World Population Prospects 2019. https://population.un.org/wpp/Download/Standard/Population（二〇二一年三月二八日閲覧）

第四章　タイ

和田理寛

信徒数で世界最大の上座部仏教国といえばタイ王国である。(1) このタイの仏教を例に、本章の前半では、国による仏教の制度化（制度仏教）について、後半ではそうした制度の外で一般の人々によって培われてきた民衆仏教について取り上げたい。この二面性は他の国・地域にも広くみられる。そのなかでタイの特徴を一つあげるとすれば、大きな権威をもつ王室が、制度仏教と密接に関わっている点であろう。

制度仏教といえば、国による僧の管理システムがその代表である。第一章でみたように、本来、僧の従うべき規則は戒律のはずだ。師弟関係があれば寺院をまたいで指導することはありうるが、そうでない場合、隣の寺にあれこれ口出しするのはおかしい。しかしタイでは、師弟関係を問わず、国中全ての僧の上下関係が国の法律をもとに定められ、僧の上層部が「こうせよ」と命じたら例外なく従わなければならない。この仕組みの下では、村の住職を村内の意向で自由に決めることもできない。

この制度仏教は法律だけでなく、王室によっても支えられている。例えば、タイの王室は、制度仏教における高僧に位（身分）を授けることによって、高僧の権威を高めるのに一役買っている。また反対に、王室が寺院での積徳行などを通して自らの権威を高めている面もある。タイでは、こうした伝統的な王と仏教僧の相互依存関係が、近代制度を通してさらに強化されながら、現在まで続いている。

一方、一般の人々や出家者は、国や王が支える制度仏教の影響を強く受けながらも、その枠のなかだけで考え行動しているわけではない。タイにも国の関与とは別に、独自に展開してきた民衆の仏教がある。本章の後半では、呪術的要素や地方の伝統に彩られたタイの民衆仏教の魅力に迫りたい。

一　制度仏教

現在のタイ国にあたる地域では、先住民族が支配的であった時代から、既に上座部仏教が伝わっていた（ドヴァーラヴァティー国とハリプンジャヤ国）。その後、一三世紀ごろから優勢となるタイ系諸王国（スコータイ、ランナー、アユタヤなど）においても、王権が上座部仏教を積極的に庇護してきた（ヒンドゥー教や土着信仰の要素もあり）。一九世紀末以降、バンコク王権の主導により近代国家への脱皮をはかったときも、上座部仏教を重んじる姿勢は変わらなかった。

ところで、近代以降のタイ国憲法は仏教を「国教」とは定めてこなかった。[2] しかし、現在までタイは国として仏教を支援し、特別な位置づけを与えてきた。そのため、タイの仏教は事実上の国教ともいわれる[3]［石井　一九七五］。

例えば、タイ国旗の赤は国民、白は宗教、青は国王を表すが、うち白は事実上、仏教を指すといわれる。この三本柱は国家原理として重視されており、公立小学校（仏教徒の多い地域）の教室には、国旗（国民を表す）と国王の写真に並んで、仏像やその写真が飾られている。また、行政は多くの税金を投じて、仏教支援業務を行っている（寺院修繕費や高僧への支給金など）［矢野　二〇一七（第五章）］。さらに、国の祝祭日をみれば、王室関連が最多で、仏教関連が二番目に多いというように、タイは王国であり仏教国であるという国是が表れている。

1　国の出家者組織

さて、タイ国内で「一番偉い」お坊さんは誰か。もし日本の仏教についてそのように聞かれたら困るだろう。日本には宗派ごとの長はいるが、宗派をまとめた統一の首長はいない（宗派を束ねる全日本仏教会があるが、ここには未加入の宗派もある）。一方、タイには国で最も偉い僧がいる。[4] この最高位の僧は、サンガの王を意味するサンガラージャ（パーリ語。タイ語の発音ではサンカラート）と呼ばれる。[5] ただし、カトリックのローマ法王のように、他国の僧に権力を行使することはない。

このサンガ王を筆頭に、僧には役職が与えられ（僧官《そうかん》と呼ぶ）、下位の出家者の管理を任されている。タイ全国すべての僧を統括し、命令を下すのは、サンガ王を議長とする大長老会（二〇名）である。続いて上から順に、大管区、中管区、県、郡、行政村を単位として、それぞれ長となる僧官が任命され、管轄区内の出家者管理に責任をもつ（ただし大管区以下の管理は宗派別）。そして、末端の僧官にあたるのが各寺院の住職である。住職は同じ寺院に住む出家者を監督する。

写真 4-1　タイ国際航空の飛行機機内に聖水をふりかけるタイのサンガ王。出典：Matichon Online

この僧官制度は、住職を誰が選ぶのか、といった具体的な問題にも関わっている。住職は上位役職にある僧たちが選び任命する。そのため、村と縁のない僧が新しい住職として派遣されることもある。[6] これが紛争を招いてしまうこともある。タイ北部の中心都市チェンマイにあるビルマ寺院（ビルマ系住民が支援する寺院）の例では、臨時住職代理としてタイ人の僧が新たに任命されたとき、この寺院を支えるビルマ人在家者たちが「なぜビルマ人の僧を選ばないのか」と不満を抱き、抗議運動を起こしたことがあった。[7]

この僧官制度は、僧の間に権力闘争をもたらしているともいわれる。一方、なかには地位の上昇を必ずしも喜ばない僧もいる。例えば、県で最高位の僧になれば、それにふさわしい名刹《めいさつ》の住職として迎えられることもあろうが、ある住職は、地位が上昇すれば、これまで発展に力を注いできた地元の村落寺院を離れることになるかも知れないと、やや戸惑いながら話してくれた。

また、僧官制度は出家式とも深く関わっている。出家式に欠かせないのが授戒師《じゅかいし》と戒壇《かいだん》である（第一章参照）。本来、授戒師となる条件（法臘一〇年以上）や戒壇の設立方法（結界の結び方）は、仏典やその注釈書に基づけば十分なはずだ(8)。しかし、タイはこの二つを認可制としている。授戒師は、行政村の僧長が推薦し、最後に大管区の僧長が任命する。また、授戒師の数は、一つの行政村に原則一名（宗派ごと）と定められている。戒壇の建立は、住職が申請を出し、最終的に国王の名によって許可される。

さらに、僧官制度に対する国王の関与も重要である。王朝時代よりタイでは高僧に対して、国王が身分（僧位《そうい》と呼ぶ）を与えてきた。この習慣が現在も残っている。そして、必ずではないが、上位の僧官（役職）なら僧位（身分）が高いという傾向がみられる。

2 仏教試験

では、どのような僧が、僧官としての地位を上昇していくのか。これは権力闘争の駆け引きもあるらしく複雑だが、ここでは一点、国が出家者を対象に行う仏教試験との関係について指摘しておきたい。

この仏教試験（タイではパリヤンと呼ぶ）は、パーリ語からタイ語、またはその逆の翻訳試験である。初段から九段まであり、取得段位は僧官任命の基準としても参考にされている（ただし厳密な適用ではない）。つまり、偉くなりたければ、国の仏教試験をパスしてください、というわけだ。

また、仏教試験にはタイ語能力が必須である。そのため、上座部仏教圏では共通の仏典（パーリ語）が国や地域を越えて用いられている一方、タイ語など現地語を使う仏教試験が国境線に沿って僧を分断しているという面もある。

3　タンマユット派の優遇

ここで僧と王の結びつきの例として特定宗派の優遇について触れておきたい。

タイにはタンマユット派と在来派（マハーニカーイ）という二つの宗派がある。(9) 前者のルーツは、一九世紀前半、高位王族のモンクット比丘が始めた仏典回帰や戒律遵守を目指す改革運動にある。自分たちこそ清く正しいという自負から、現在も同派は在来派僧と一緒に出家式を行わない。お経の発音や僧衣の着方にも違いがある。

モンクットは、あしかけ二七年間の長い出家生活を経たあと、一八五一年に還俗し国王（ラーマ四世）に即位する。ラーマ四世といってもピンとこないかも知れないが、米国の著名なミュージカルおよび映画である『王様と私』や『アンナと王様』のモデルとなった「王様」といえば分かる人もいるだろう（写真4―2）。タンマユット派は、国王が即位前に率いた出家者の一派として、その後も王室と密接な関係を保ち、またそれゆえに優遇されてきた。

写真4-2　映画『王様と私』(1956年)。タイでは上映禁止。(20世紀フォックスホームエンターテイメント Blue-ray)

例えば、タンマユット派は、国の僧官制度のなかで唯一、自治（地方レベル）が認められている。また、同派は僧全体の一割強と少数派であり、残り九割弱は在来派に属すにも関わらず、僧の最高機関である大長老会メンバーは両派同数（それぞれ一〇名）となっている。

サンガ王の所属宗派もみてみよう。ラーマ五世期以降

（一八六八年〜二〇二一年）、在来派から選ばれたサンガ王は四名（計約一一年間）、一方、タンマユット派のサンガ王は九名（計約九六年間）である。人数と累積の在位期間に明らかな差があり、タンマユット派成員が少数であることも考慮すると、同派に対する優遇は明らかだろう。

直近の例では、サンガ王選出をめぐり、法改正によって結果的にタンマユット派が優遇されるという動きもあった。二〇一三年、前代サンガ王（タンマユット派）が亡くなったあと、当時の法規定では、在来派の僧が自動的に次期サンガ王へと繰り上がるはずであった。しかし、二〇一七年にサンガ法（僧官制度を定める法律）が部分改正され、事実上、国王がサンガ王を自由に選出できる形（一九九二年以前の規定）に戻したうえで、国王はタンマユット派の僧をサンガ王に選んだ。ここからも王室と同派の近さがうかがえる。また、この法改正によって、仏教界に及ぼす王の権力が強まった点も看過できない。

4　王の権威と仏教

最近、若者が王室改革を訴え始め注目を集めている。一方、とくに年配者には王室擁護派も多い。ではなぜ王室に熱狂する人がいるのか。ひとつは「王は神なり」とするヒンドゥー教由来の見方がある。そしてもうひとつに仏教的な価値観がある。ここでは仏教が王の威信をどのように高めているか確認したい。

かつて東南アジアの上座部仏教国では、仏教が神聖性とは異なる類の権威を王にもたらしてきた。それが「王の十徳」を身につけ正しい統治を行う正法王《しょうぼうおう》や転輪聖王《てんりんじょうおう》の姿である。[10]ただし、この十徳を兼ね備えていない王もいるだろう。そこで王は、布施を強調し、よりシンプルに「功徳の王」として威信を誇示しようとする。王は他を圧倒する積徳行を行うことによって、庶民の疑問――なぜ私は貧乏で、王は至高の権威と莫大な富をもつのか――にひとつの答えを用意できる。

功徳王としての威徳を市民に示す一例として、カティナ衣奉献祭を取り上げてみよう。タイの寺院には王立寺院と民立寺院の二種がある。王立寺院は、王室によって建立・修復・支援されてきた「由緒ある」寺院であり、全国におよそ三〇〇院ある。残りは民立寺院であり、約四万院（うち戒壇をもつのは約二万四〇〇〇院）を数える。王室を施主《せしゅ》とするカティナ衣奉献祭は、こうした王立寺院のなかでも、とりわけ格式の高い寺院で毎年行われている。二〇一七年の例では一六院（うち首都に建つのは一二院）にて行われ、そのうち六院には国王が赴き自らの手でカティナ衣を献じている（残り一〇院には、王妃、王の妹、王女、王の姪、枢密院顧問官が訪問した）。

これがいかに仏教徒庶民（とくに年配者）にとって羨望の的となるか。第一章でみたように、カティナ衣の献納は在家者にとって大きな功徳となる。また、タイの一部地域では、カティナ衣奉献祭の施主が一つの寺院につき一人または一団体と定められており、何十年に一度の名誉な機会となっている（他方、共同施主の国や地域もある）。こうしたなか、国全体を代表するような格式高い王立寺院で、しかも毎年施主を務める国王や王族が、庶民にとってどれだけ手の届かない雲上の存在か分かるだろう。こうしてカティナ衣奉献祭の時期になると、王室によるカティナ衣の奉納がテレビや新聞で連日報道され、それを民衆は自分が参加した村の祭越しに眺めながら、功徳の大きさの違いに立ちつくすという経験を毎年繰り返している。

5　サンガと政治のこれから

「私、お坊さん好きじゃない。なぜそんな研究してるの」。立ち話で某タイ人の政治研究者からこう直接聞かれて驚いたことがある。私は、調査のなかで敬意を覚える出家者にも度々出会うので、そんな一括りに否定しなくてもと思うのだが、社会正義を重んじる学者が仏教と距離を置きたくなる気持ちは分からなくもない。

国の組織として序列化され、王によってその権威を正当化されたタイの出家界は、総じて保守的で、変革を求めるような政治的発言を、少なくともパブリックな場で表立ってすることは避ける傾向がある。

かつてタイでは「開発僧」と呼ばれる僧たちが、地方の発展や問題解決のために貢献し注目を浴びてきた。しかし、現在、中進国と呼ばれるまで発展したタイの政治課題は、もはや開発ではなく、貧富の格差や、都市と田舎の格差をいかに是正するか、という不平等の問題に移っている。開発僧の研究を行ってきた櫻井は、「典型的な開発僧が活躍した時代は終わってしまった」と述べる。櫻井いわく、これらの新しい政治問題に僧たちは声をあげていないし、そもそも体制内仏教であるため批判的な主張は難しい［櫻井　二〇一五］。

少数意見ではあるが、僧官制度を批判し、政教分離を訴えるタイ人研究者もいる。例えば、スラポット・タウィーサックは、タイの僧が国から強い統制を受けており、仏典の自由な解釈、新たな宗派形成、比丘尼を出家させること、政治活動への関与などが禁じられ、個人の自由が剥奪されていると批判する。

一方、大半の人（とくに年配者）は僧官制度の現状を追認し、自分の尊敬する僧の地位が上昇すれば素直に喜ぶだろう。また、僧の戒律違反を取り締まるために僧官制度は必要だ、という主張もありうる。国家法による僧の管理は、タイ社会のなかでも意見の分かれる大きな問題である。

二　民衆仏教

ここからは民衆仏教について取り上げたい。民衆仏教の担い手の中心は、出家者と市井《しせい》の在家者である。ただし、実際は、国家や王室も呪術的な仏教に関わっており、これは便宜的な呼称にすぎないことに注意されたい。

民衆仏教の代表ともいえる在家者の積徳行については第一章で述べた。そのため、以下では、呪術、地方仏教、精霊信仰との習合という三つの視点から、タイ仏教に迫ってみたい。

1　呪術仏教(11)

初期仏教（紀元前のインドの仏教）では、出家者の呪術行為は否定的に捉えられ、僧が在家者のために葬式や祈禱《きとう》儀礼を執り行うことはなかったとされる［馬場　二〇一八：iii］。これは、ひたすら己に向き合う仏教の姿として、神に頼り祭祀に重きを置くバラモン教（のちのヒンドゥー教）と対比される。

しかし、これがインドでの仏教滅亡を招いた一因ともいわれる。ヒンドゥー教の場合、司祭者であるバラモンたちは、誕生から死まで、村人の人生儀礼に広く関わり、安寧《あんねい》を求める庶民の心に応えてきた。一方、仏教僧はそうした村人の要望に十分応えることができなかった、というわけだ［山崎　一九九七］。

現代日本の我々も合格祈願、病気平癒《へいゆ》、商売繁昌などのお守りを神社仏閣で買い求めるように、先の読めない人生のなかで呪術的なものを必要としている。在家の人々は日々の生活を送ることに精一杯であり、自己の鍛錬にいそしむ余裕があるとは限らない。

タイの上座部仏教もまた呪術的なものに満ちている。出家者は、自らの修行に閉じこもっているわけではなく、通常は要請があれば在家への呪術的なサービスを怠らない。これもまた上座部仏教が生き残り、今日も多くの民衆に支えられ必要とされている理由の一つだろう。

タイの仏教僧が在家者へのサービスとして行う呪術には、護呪経《ごじゅきょう》、聖糸、聖水、点粉、護符《ごふ》などがよく知られている(12)。例えば、家の新築祝いとして、仏教僧を自宅に招くときの手順を追ってみよう(13)。

まず準備段階で、家主は、儀礼が順調に運ぶよう除災のために「聖糸」（サーイシン）を家中に張り巡らせておく。聖糸は白い木綿の糸をより合わせたものである。聖糸は仏像に巻きつけられてから、家のなかを右回りにぐるりと周回し、もう一度、仏像に巻き付けられる（写真4―3）。

写真 4-3　聖糸を手にもち経を唱える僧（中部タイ）

写真 4-4　タクシー天井に白く描かれた「点粉」。お守りの小仏像もぶら下がっている（タイのバンコクにて）。

　それから僧たちが家に招かれ、仏像と横並びに一列になり足を組んで座る。在家者たちは横座りで僧と向かい合わせになる。そして、僧は聖糸を手にもちながら「護呪経」を唱える。護呪経（パーリ語でパリッタ）とは、招福除災に用いるパーリ語の短い経のことである(14)。なお、このとき同時に「聖水」（ナムモン）を作ることもある。聖水の作り方は、まず水を満たした鉄鉢の周りに聖糸を巻きつけ、鉄鉢のふちに火のついたロウソクを立てておく。そして、経を唱え終えた僧の代表が、ロウソクを鉄鉢の水に入れて火を消したり、ロウを水面に垂らしたりすれば、聖水の出来上がりである。聖水は、招福除災を目的として、僧が木の枝の束をこれに浸し、在家者の頭や、物の上にふりかけることが多い（写真4—1）。在家者のなかには聖水を飲む者もいる。

　儀礼が午前中に行われた場合、在家者は、護呪経を唱え終わった僧に食事を献じる。なお、上座部仏教僧は食事のさいに一切私語をしない。食後は在家者が僧に金品などの布施をする。それから回向《えこう》が行われる。回向は、僧が経を唱える間、在家者が水を容器に少しずつ垂らして行う。

　最後に、僧のひとりが家の扉などに点紛を行う。「点粉」（チューム）とは、吉祥のため、水に溶かした白い粉を僧が指などで書いたものであり、簡単な形は∴である（写真4—4）。これをもって新築祝いは終了となる。

なお点粉は、車の天井内装に図や文字として描いたり、結婚式で僧や在家年配者が新郎新婦の額に書いたりもする。飛行機の機体にサンガ王が点紛をしたこともある。

以上のほか「護符」（サンスクリット語のヤントラ）についても触れておきたい。護符はお守りの一種であり、布や金属などに、図、文字、数字などが書き込まれたもので、僧や在家呪術師が作る。刺青として身体に彫り込んだものもよくみる。米国女優アンジェリーナ・ジョリーの背中にもタイの在家彫師による護符が彫られている。

なお中部タイで護符に使う文字は、タイ文字ではなく、古いクメール文字（古いカンボジア文字）が一般的だ。これは中部タイの伝統では、仏典や宗教に関連する事柄にこの古クメール文字が使われてきたためである。例えばかつて中部タイの仏典は、パーリ語であれタイ語であれ、文字は古クメール文字を用いていた。これがタイ文字に置き換わっていくのは一九世紀末からである。一八九三年、国王のラーマ五世がタイ文字によるパーリ三蔵を初めて出版したことを契機に、タイ文字によるパーリ語表記法が広まっていった（このとき出版されたタイ文字の三蔵原本は日本にも寄贈されている）。

2　地方の仏教

仏教は地方や民族ごとに多様である。ここでは東北タイと北タイについてごく簡単に紹介したい。

東北タイは歴史的、言語・文化的にラオスとのつながりの深い地域である。また、降水量が少なく、比較的貧しい地域であり、都市部などへの出稼ぎが多いことでも知られる。

この東北タイにはモータムと呼ばれる俗人男性の呪術師がいて、悪霊祓いや安産祈願、幼児の健康祈願などの儀礼を執り行っている。民間呪術師にはさまざまな種類があるが、そのなかでモータムは、仏典の一部を唱えるなど仏教の力を使って儀礼を行うのが特徴である。

写真 4-5　洞窟に閉じ込められたサッカー少年たちを助けに現れたクーバー・ブンチュム。出典：Matichon Online

なぜこうした民間呪術師の「仏教化」が生じたのか。林行夫によれば、モータム各派の開祖は放浪の修行僧たち（頭陀行《ずだぎょう》僧）である。頭陀行僧は悪霊を恐れず森や墓地にも寝泊まりする。その姿を目にした村の男たちは、仏教のもつ神通力のすごさに魅了され、これがモータムという存在を生む一つのきっかけとなったようだ（二〇世紀前半ごろ）。ところで同じころ、東北タイで活躍した著名な頭陀行僧のグループはタンマユット派の僧たちであった。当時のタンマユット派といえば、国の仏教標準化政策を進める担い手として動員されていた印象が強い。しかし、必ずしも王都の思惑のままに物事が運ぶわけではなく、それが地方の民衆の手によって独自に解釈され受容されていくこともあった。このようにモータムは、仏教をめぐる中央と地方との折衝の結果として生じた［林　二〇〇〇（第五章）］。

北タイにも目を向けたい。山々の連なるこの地域には、かつて山間盆地ごとに地方国が成立し、チェンマイの町を中心にそれら諸国の連合体であるランナー王朝が栄えた。また、一六世紀から二〇〇年以上、ミャンマー（ビルマ）の王朝の支配下に置かれ、文化的な交流も生まれた。加えて、今は国境線のせいで見えにくくなっているが、山間盆地を拠点とするタイ系民族とその地方国は、北タイから、ミャンマー東部のシャン州、ラオス、そして中国雲南省の西双版納《シーサンパンナー》や徳宏《ドゥーホン》まで広がり、緩やかな共通性をもった文化圏・言語圏を形作ってきた。

北タイの仏教といえば、ひとつにカリスマ僧信仰（聖者信仰とも）がある。著名なカリスマ僧が現れると、多くの信者たちが自発的に労働奉仕を行い、仏塔などの宗教施設が次々と建つことでも知られる。[15]

なかでも北タイの高僧クーバー・シーウィチャイ（一八七八―一九三八）は今も信仰を集めている。最大の功績はチェンマイ市街を見下ろすドーイステープ寺の参道建設である。また、バンコク王権が授戒師の任命制度をはじめたとき、シーウィチャイは国の規則より仏教の律蔵を重視し、国の許可をえないまま出家式を執り行ったことで、王権と一時対立したこともある。(16)

今日存命のカリスマ僧としては、クーバー・ブンチュム（一九六六―）が最もよく知られている（写真4―5）。ブンチュムは北タイのみならず、シャン州東部にも拠点があるため、ミャンマー市民とくにシャン（タイ系民族）の間にも信者が多い。また、シーウィチャイ同様、山地民と総称される高地住まいの少数民族からも信仰を集めている。(17)三年三か月三日間にわたる洞窟での独居瞑想修行を完遂したときも話題になった。

二〇一八年六月、タイ北部でサッカーチームの少年たちが豪雨の浸水によって洞窟に閉じ込められた事件が起き世界中で報道されたが、このブンチュムも現場を訪れて、山の女神に手を合わせるなど洞窟を開くための儀式を行っている。ブンチュムは生存者が確認されていない段階で「子どもたちは生きている」と断言し、のちにこれが現実となったため、バンコクの都市民などにもより名が知られるようになった。

3　精霊信仰と仏教

仏教徒の多くは同時に精霊も信仰している。仏教と精霊の関係についても取り上げてみよう。

まず悪霊について。悪霊を祓うのは、男女在家者である各種の呪術師や霊媒のほか、仏教僧の場合もある。ナーン・ナーク物語というタイで人気の怪談（幽霊映画としてなんどもリメイクされている。写真4―6）があるが、死後も夫のそばを離れず、村人を次々と殺す幽霊ナークを説得し調伏《ちょうぶく》したのは、トーという名の実在の高僧ということになっている。(18)

各種の善霊もいる。民家の庭先には土地神をまつる祠《ほこら》が建つ。集落には村の守護霊がまつられている。ただ、近

写真4-6　2013年、タイで大ヒットした映画『愛しのゴースト』。これもナーン・ナーク物語。出典：Sony Pictures

年は国家の後ろ盾をえた仏教が力を増しており、一部の精霊たちもその影響を受けているようだ。例えば、民家の土地神《しん》祠《し》は、かつて伝統家屋の形をしていたが、今では仏教建造物である寺院型や尖塔型が多くなっている［加納　一九九六］。また、仏教の力を重視するモータムが、村の守護霊を敵視し打ち捨てることもある［林　二〇〇〇］。

　こうした仏教優位の現象がみられるものの、仏教だから常に悪霊を調伏しうるというものでもない。先のナーン・ナーク物語では、はじめ、村の僧が幽霊に対峙するものの太刀打ちできなかった。このように、僧にも力量の差がある。

　また、仏教の力が悪霊と化すこともある。東北タイで人に取り憑いて心の錯乱をもたらす悪霊ピーポープは、家系継承のほか、モータムがタブーを破ったために発生するともいわれる。津村文彦の本には、宝くじ占いのライバル関係にあった二人の僧のうち、一方の人気を妬んだ仏教僧の身体からピーポープが発生し村人を苦しめた、という話が載っている［津村　二〇一五］。

　こうした精霊はつねに仏教と敵対するとは限らず、うまく共存していることも多い。バンコクから約八〇キロ西にある村の出家式の事例をあげてみよう。なおこの村の住民はモン（Mon）という少数民族であり、祖霊信仰などはタイ民族と異なるが、仏教と精霊信仰の習合という大枠においては大差ないはずだ。

　二〇一二年、亡くなった父方祖父のための霊前出家が執り行われた。出家前日、着飾った出家予定者のS君（二二歳）は、一日かけて村内をまわり、親族の年長者たちやさまざまな守護霊に跪拝《きはい》した。ここではどんな守護霊のもとをまわったのか見てみたい。まず、S君の自宅でもある亡くなった祖父宅に向かい、屋内で「家霊」とよばれる祖霊に手を合わせる。次に庭先に出て、土地神、森羅万象の精霊、果樹園の守護霊を順に拝む。次に、村にいくつかある守護霊の祠のひとつを参拝し、つづいてその霊媒のもとを訪問する。霊媒の年配女性には守護霊が憑依《ひょうい》し、煙草をくゆらせながら小刻みに体を震わせる。それから、S君は寺院の隣に建つ村の守護霊の祠を参拝する。その後、寺院に入り、明日、授戒師として出家式を執り行う住職に跪拝する。最後、S君は、寺院境内の一角にたたずむ寺院の土地神に手を合わせ、祠の前で年配女性たちと楽しげに舞う（写真4―7）。

こうしてS君は、さまざまな守護霊に挨拶まわりをしてから、翌朝の出家にのぞんだ。出家の報告を軸とする点では仏教優位といえなくもないが、少なくとも、精霊信仰と仏教はいつも敵対するわけではなく、普段は平和裏に共存している様子が分かるだろう。

写真 4-7　出家式前日、寺院境内にある土地神にお参りするＳ君（写真中央）。

本章では、国の僧官制度、王と僧の関係、そして民衆仏教についてみてきた。制度仏教と民衆仏教は、他の国・地域にもみられるので比べてみてほしい（精霊信仰は第五章ラオスも参照）。

さて、近年の報道どおり、タイでは一部の若者による反政府デモが盛り上がっている。年配者と異なる価値観をもつこの新しい世代は、総じて保守的で体制寄りの仏教界をどのように見ているのか。深刻なジェネレーションギャップは仏教に何をもたらすのか。二〇二〇年、若者のデモが掲げた王室改革要求の一〇項目には、王によるサンガ王任命の件を取り上げた内容は含まれていなかったが、関心はどうなのか。タイ仏教の未来について考えるためには、こうした若い世代にも注目していく必要があるだろう(19)。

注

(1) タイは仏教徒が総人口の九三・六%、六一〇〇万人以上を占める（二〇一〇年国勢調査）。また、ミャンマーは仏教徒が総人口の八九・八%、四五〇〇万人以上を占める（二〇一四年国勢調査）。これら仏教徒のほとんどが上座部仏教を信仰・実践する人々であり、国別ではそれぞれ信徒数において世界第一と第二位である。

(2) 近年、軍政が作成した二〇一七年のタイ国憲法には、上座部仏教の教理を人々に浸透させる、仏教をその破壊から守るといった内容が新たに加えられ（第六七条）、仏教を特別扱いする姿勢がこれまで以上に強化された。

(3) 現代タイの仏教について、国教より、「公定宗教」と呼ぶべきとする議論もある［矢野 二〇一七］。

(4) ただし本書で対象とするのは上座部仏教の僧のみである。ほかタイには大乗仏教である中国寺院が一五院（比丘六〇人、沙弥二〇七人）、ベトナム寺院が一二院（比丘一三三人、沙弥三七人）ある（二〇一八年、タイ仏教庁の統計より）。

(5) サンガ（僧伽）とは僧の集団のこと。詳細な説明は省く。

(6) 本書執筆者たちの調査地の事例に限るが、カンボジアやミャンマーでは寺の出家者の互選により次期住職が選ばれていた。ミャンマーでは宗派上層部の意向に従うこともある。

(7) Thairath Online（二〇一二年七月一〇日）"ม็อบพม่ายื้อล้อมสำนักพุทธฯ ค้านตั้งพระไทยเป็นเจ้าอาวาสวัด"［訳：仏教庁に押し寄せたビルマの群衆、タイ僧を住職に任命することに反対］（二〇二一年二月五日閲覧）

(8) 僧出家式や布薩を行う際は、一定の区域を区切り、聖域を定めなければならない。この聖域を結界と呼ぶ。戒壇（布薩堂）とは常設の結界であり、聖域であることを示すため建物の周りに「結界石」が置かれる（建物外の四隅または四隅と四辺中間など）。

(9) タイで創始されたタンマユット派は、一九世紀後半にカンボジアとラオスにも伝わり、この二国にも在来派（マハーニカーイ）とタンマユット派から成る二派制が確立した（三章と五章も参照。その後ラオスは二派統合。カンボジアではタンマユットを「トアンマユット」と呼ぶ）。また同じく一九世紀後半、タイ国のタンマユット派はミャンマーの少数民族モン（Mon）の間にも伝わり、現在はミャンマーの公認九宗派の一つとなっている。

(10) 十徳（十王法）とは、財を分け与え（布施）、戒を守り、正直で、我慢強く、怒らないといった計一〇の項目からなる。ちなみに、日本の「天皇」（emperor）のタイ語訳には「転輪聖王」の語があてられている。

（11）本書では分かりやすさを優先して「呪術」としたが、当時者はその実践を呪術とは考えていないことも多く、そのことは十分意識すべきである。

（12）点紛、護符は［冨田　一九九七］、護呪経、聖糸、聖水は［石井　一九七五、加藤　二〇〇九］などを参照。

（13）新築祝いの手順や解釈については、タイ文化省宗教局二〇二〇 ศาสนพิธีและมารยาทไทย［訳：仏教儀礼とタイの礼儀作法］〈https://webaccess.dra.go.th/rpc/cat/ebook/2563/sasanapitee63/sasanapitee63.pdf〉一一〇—一一一頁（二〇二一年八月一七日閲覧）、および、タイ文化省ウェブサイト "I LOVE THAICULTURE" の記事 "พิธีการทำบุญขึ้นบ้านใหม่"［訳：新築祝いとしての積徳儀礼］（二〇一六年一月二一日）〈https://www.m-culture.go.th/young/ewt_news.php?nid=652#size〉（二〇二〇年八月六日閲覧）より。

（14）護呪経は、新築祝いのほか、仏像の鋳造・開眼、葬儀の弔いなどの際にも僧が唱える。またタイだけでなく他の上座部仏教徒社会でも広く親しまれている。ミャンマーでは出家者・在家者を問わず暗唱し、また病気治癒のためにはこの経、蛇を避けるにはあの経といったように、個々の経にそれぞれ特定の災厄を退ける効力があるとも信じられている［池田　一九九五］。

（15）カリスマ僧信仰はミャンマーにもみられる。なかでも、タイとの国境地域周辺を拠点とする少数民族出身のカリスマ僧たちがよく知られている。ミャンマーのカリスマ僧と政治との関係については、土佐［二〇〇二］が分かりやすい。ミャンマーのカリスマ僧が、国境を越えタイ側でも宗教活動を展開している状況については、速水［二〇一五］を参照のこと。

（16）クーバー・シーウィチャイについては、泉［二〇〇八］と、飯島［二〇一七］を読まれたい。

（17）クーバー・ブンチュムについては、片岡［二〇一五］も参照のこと。

（18）怪談の成立経緯や時代背景については津村［二〇一五（第二章）］を参照。

（19）二〇二〇年、国王不敬罪（一件最長一五年の禁固刑）への抗議として、「シッダッタ［ブッダ（筆者注）］は不敬罪などなくとも二五〇〇年以上の間、人々から崇敬されているではないか」と書いたプラカードを掲げる若者もいた。［BBC、二〇二〇年一二月一八日〈https://www.bbc.com/thai/international-55361239〉（二〇二一年二月一二日閲覧）］

参考文献

飯島明子
　二〇一七　「「タム文字写本文化圏」におけるクーバー・スィーウィチャイについての覚書」『パーリ学仏教文化学』三一号、一—三〇頁。
池田正隆

石井米雄
　一九九五　『ビルマ仏教――その歴史と儀礼・信仰』法蔵館。
　一九七五（二〇〇四再版）『上座部仏教の政治社会学――国教の構造』創文社。
泉経武
　二〇〇八　「タイ北部の高僧クルーバー・シーウィチャイの生涯――ランナー文化圏における宗教実践の考察に向けて」『パーリ学仏教文化学』二二号、七三―八六頁。
片岡樹
　二〇一五　「山地からみたブンチュム崇拝現象――ラフの事例」『東南アジア研究』五三巻一号、一〇〇―一三六頁。
加藤眞理子
　二〇〇九　「聖糸」「聖水」日本タイ学会編『タイ事典』めこん、二〇二―二〇三頁。
加納　寛
　一九九六　「バンコク市街地における土地神信仰の変遷――祠・神体の形態変化を中心に」『東南アジア――歴史と文化』二五号、二八―五七。
櫻井義秀
　二〇一五　「タイの「開発僧」と社会参加仏教」櫻井義秀・外川昌彦・矢野秀武編著『アジアの社会参加仏教――政教関係の視座から』北海道大学出版会、二四九―二六一頁。
津村文彦
　二〇一五　『東北タイにおける精霊と呪術師の人類学』めこん。
土佐桂子
　二〇〇二　「民族紛争のなかの宗教指導者――ミャンマー連邦カレン州の僧侶の「仏教布教」」黒田悦子編『民族の運動と指導者たち――歴史のなかの人びと』山川出版社、一九四―二一三頁。
冨田竹二郎
　一九九七　『タイ日大辞典』めこん。
馬場紀寿
　二〇一八　『初期仏教――ブッダの思想をたどる』岩波書店。
林　行夫

速水洋子
　二〇〇〇　『ラオ人社会の宗教と文化変容――東北タイの地域・宗教社会誌』京都大学学術出版会。
　二〇一五　「仏塔建立と聖者のカリスマ――タイ・ミャンマー国境域における宗教運動」『東南アジア研究』五三巻一号、六八―九九頁。
パーリ学仏教文化学会・上座仏教事典編集委員会編
　二〇一六　『上座仏教事典』めこん。
矢野秀武
　二〇一七　『国家と上座仏教――タイの政教関係』北海道大学出版会。
山崎元一
　一九九七　『古代インドの文明と社会』中央公論社。

写真と図の出典（ここにあげていない写真は全て筆者撮影）

写真4―1
　Matichon Online（二〇一八年三月三〇日）"สมเด็จพระสังฆราช ทรงเจิมเครื่องบิน "วิเชียรบุรี-สุลาลีวัน" ที่การบินไทยรับเข้าประจำการ"［訳：タイ航空導入の機体「ウィチアンブリーとスラーリーワン（機体名）」にサンガ王がチュームを行う］〈https://www.matichon.co.th/education/religious-cultural/news_898003〉（二〇二一年二月二四日閲覧）

写真4―2
　20世紀フォックスホームエンターテイメント（ブルーレイ表紙）

写真4―5
　Matichon Online（二〇一八年六月三〇日）"พระครูบาบุญชุ่ม เข้าถ้ำหลวง ทำพิธีเปิดตา-แผ่เมตตาช่วย 13 ชีวิต ต่อวันที่ 2 ยัน 2-3 วันออกมา (ภาพชุด)"［訳：クルーバー・ブンチュム師、ルワン洞窟にて一三名の命を救うため開眼・慈悲拡散の儀礼を行い、あと二、三日で助かると儀礼二日目に告げる（写真集）］〈https://www.matichon.co.th/region/news_1022238〉（二〇二一年二月六日閲覧）

写真4―6
　Sony Pictures〈https://www.sonypictures.jp/he/1257092〉（二〇二一年二月一二日閲覧）

◆コラム――されど眉毛《まゆげ》

写真は東南アジアのどの国の見習僧でしょう？　答えはミャンマー。同国の出家者は眉毛を剃らないのがヒントになる。対してタイ、ラオス、カンボジアの出家者は眉毛を剃ることが多い。

二〇二〇年一一月、タイの反政府デモに少数の僧が参加した。そのとき「我らの眉毛を返せ」というちょっと変わった主張があり、珍しさゆえメディアでも取り上げられた。律蔵には出家者が眉を剃るという規定はないらしい。役人（仏教庁監察官）からは、眉毛を剃る伝統を破りたいなら、還俗すればよいという批判が出た［Thairath Online など］。

なおタイの僧が眉毛を剃る習慣はアユタヤ時代まで遡るものの、なぜ剃るのかという理由は諸説あり定まっていない。例えばビルマ王朝時代のタイとビルマの戦争のなかでタイ僧に扮したビルマのスパイを見破るためだとか、タイの王の側室に手を出そうと王宮に出入りする偽僧を見破るためだ、といった説があるものの、いずれも確実な証拠はないそうだ。

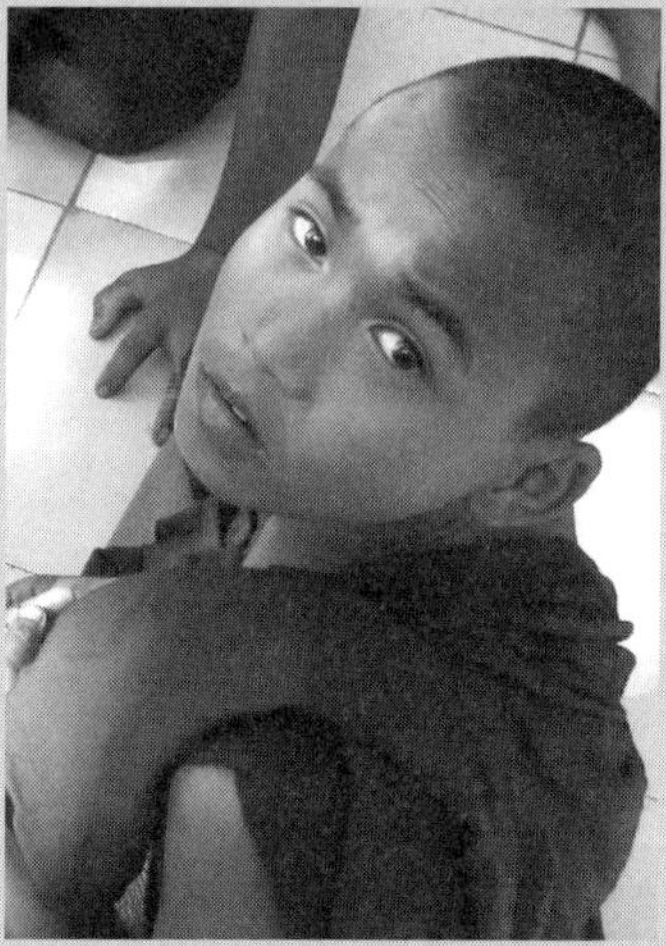

筆者撮影

参考：SILPA-MAG.COM（二〇二〇年一一月三〇日）ฮิมวัง "พระสงฆ์ไทย กับคิ้วที่หายไป?" ［訳：タイの僧と消えた眉？］〈https://www.silpa-mag.com/history/article_57920〉（二〇二一年二月六日閲覧）

第五章　ラオス

増原善之

ラオスは、東南アジア一一か国の中でただ一つ海を持たない内陸国で、北から時計回りに中国、ベトナム、カンボジア、タイ、そしてミャンマーの五か国と国境を接している。チベット高原に源流をもつメコン川は、東南アジア最大の河川としてよく知られているが、ラオス＝ミャンマー国境、ラオス国内およびラオス＝タイ国境を流れたのち、カンボジア、ベトナムを経て、最後は南シナ海に達している。

国土面積は日本の本州より少し広いが（二三・七万㎢）、総人口（二〇一八年）は七〇〇万人足らずであり、人口密度はかなり低い（二九・四人／㎢）。日本（三三二・三人／㎢）と比べると、首都のビエンチャンを除けば、人影がまばらな印象を受けるであろう。国土のおよそ七割は山地だが、人びとの多くはメコン川やその支流の流域に点在する平野や盆地で暮らしており、ビエンチャンや世界遺産として有名なルアンパバーンもメコン川沿いに位置している。

ラオスは、隣国のタイやベトナムなどと比べて、日本ではあまりなじみがなく、なかなかイメージが浮かんでこない国かもしれない。しかし、最近ではテレビ番組などで扱われることも増えており、そうした場合には必ずと言ってよいほど、オレンジ色の衣《ころも》を身にまとった僧や見習僧が街を歩く光景が映し出され、国民の多くが敬虔な仏教徒であると紹介される。実際、ラオスを訪れた人びとは、行く先々で数多くの仏教寺院や托鉢《たくはつ》風景などを目の当たりにして、ここが「仏教国」であることを実感するだろう。

ラオスの「仏教」は、本書に登場する国ぐにの場合と同様、上座部仏教と呼ばれるものである。(1) こうした上座部仏教国の間で共通している、教えの内容や人びとの信仰実践については、第一章を参照していただくとして、本章ではラオス仏教の歴史的背景について述べたのち、その特徴をいくつかあげておきたい。

一　ラオス仏教の歴史的背景

1　ランサン王国の成立と仏教の展開

一四世紀の半ば、ラオス初の国家として、北部のルアンパバーンにランサン王国が成立した。王国の歴史をつづった年代記は、この時代にカンボジアのアンコール朝から仏典やかつてスリランカで鋳造されたパバーン仏がもたらされ、仏教が伝来したと伝えているが、この「仏教」がどのようなもので、のちの時代の仏教とどのようにつながっているかはよくわかっていない。

ランサン王国において、上座部仏教の広がりがはっきりと確認できるようになるのは、西暦一五〇〇年頃と考えられる。その根拠の一つとして、このころから、タム文字で記された仏教碑文および刻文の建立・作製が目立って増えてくるという点をあげておきたい。タム文字は、現在のラオス、タイ北部および東北部などを跨《また》ぐ地域において、上座部仏教の仏典などを書写する際、長らく使われてきたものであり、(2) 碑文や刻文の形でその使用例が数多く見いだされるという事実は、このころすでに上座部仏教が定着していたことを物語っている。また、碑文とは、国王や地域の有力者が寺院を建立したり、寺院に対して土地や物品の寄進および仏像の奉納を行ったりしたとき、平らに加工した石の表面にその事績を刻んで、寺院の敷地内に建立したものであり、刻文とは、国王や地域の有力者によって寺院へ奉納される仏像の台座部分に奉納年月日や奉納者名を刻んだものである。つまり、仏教碑文および刻文の増加は、少なくとも権力および財力を持つ人びとの間で、積徳行《せきとくぎょう》（第一章参照）が一般的になったことを示している。これらのことから、一六世紀初頭は、支配階層の保護と支援によって上座部仏教が広がり、それに基づいて国づくりが進められた時代だったといえる。

当時の仏教に関して、もう一つ指摘しておきたいのは、タイ北部のランナー王国との関係である。ランサン王国の年代記は、国王がランナー王国へ使節を送り、仏教文化の一大中心地だったチェンマイから仏典六〇巻とともに高僧を招来したと伝えている。さらに、国王はランナー王国の王女を妻に迎え、その子セタティラートは、一時、ランナー王国の王位に就いたが、父王逝去の知らせを受けるや否や、ルアンパバーンに帰還してランサン国王となった。その際、チェンマイからエメラルド仏を持ち帰り、王国の守護仏にしたといわれている。先に述べたとおり、ラオスとタイ北部は、共にタム文字を用いるなど、文化の類似性が認められるが、これも両王国間の緊密な交流によってもたらされたものである。

写真 5-1　タートルアン寺とセタティラート王の銅像（ビエンチャン）

2　ビエンチャン遷都と仏教文化の隆盛

一六世紀から一七世紀にかけて、東南アジアは「交易の時代」と呼ばれる経済の拡大期にあり、国際海上交易が盛んに行われていた。内陸に位置するランサン王国もこうした動きと無関係ではなく、金や森林でとれる産物などを周辺国経由で外国市場へ輸出していたのである。セタティラート王は、タイやカンボジアへアクセスしやすいビエンチャンの重要性に目をつけ、

写真 5-2　ルアンパバーン王宮博物館

一五六〇年、北部のルアンパバーンから中部のビエンチャンへ都を移し、新王都のシンボルとしてタートルアン寺を造営した。さらに、ビエンチャンにホーパケオ寺を建立して、チェンマイから持ち帰ったエメラルド仏を安置したが(3)、かつてカンボジアからもたらされたパバーン仏は、そのままルアンパバーンに残している(4)。ルアンパバーンは、遷都後も北部の中心地として繁栄を続け、現在に至っている(5)。

ところで、遷都の意味は、単に政治・経済の中心がビエンチャンに移動したということにとどまらない。先ほど述べた仏教碑文および刻文の建立・作製地を調べてみると、一五六〇年以前はルアンパバーン、ビエンチャンおよび周辺地域にほぼ限られているが、それ以降になると現在のタイ東北部に広がっていったことがわかる。これは、ランサン王国の仏教文化が現在のラオスの境界を越え、大きな広がりをもっていたことを示している。

一七世紀の半ばにあたるスリニャウォンサー王の治世は、国内政治が安定するとともに、外国との交易が最盛期を迎え、仏教に基づく芸術や文学が花開いた、ランサン王国の「黄金時代」として記憶されている。王国との通商関係を開くため、ビエンチャンに滞在したオランダ東インド会社の使節は、次のように書き残している。

> 国王は、毎年の税収入の大部分を僧への布施および寺院や仏塔の装飾のために費やしている。住居七、八軒に対して寺院が一つあるほどで、寺院数はかなりの数にのぼっている。出家したことのない息子や兄弟を持つ者はおらず、僧の数は、ドイツ皇帝の兵士の数に匹敵するだろう。毎年、カンボジアやシャム（現在のタイ）か

ら僧が訪れるが、勉学を修めるまでに一〇年から一二年滞在するというのは本当である［Lejosne 1987］。

この記録から、国王自ら仏教の庇護者として大きな役割を果たしていたこと、およびビエンチャンが多くの寺院と僧を有する仏教の一大中心地だったことがうかがえる。一方、あるイエズス会士は、王国にキリスト教を広めようと、一六四二年から五年以上にわたってビエンチャンに滞在したが、布教活動は思うように進まず、キリスト教をこの地に根付かせることはできなかったという［Marini 1998］。少なくとも王都においては、支配階層のみならず、庶民に至るまで仏教がすでに浸透していたのではないかと考えられる。

3 三王国時代からフランス植民地時代へ

「黄金時代」において、外国との交易が拡大すればするほど、輸出商品の生産地や集散地を有する地方国は経済力を高め、政治的に自立していった。そうした状況の下、一八世紀初めに起きた王族間の派閥抗争をきっかけとして、北部のルアンパバーンと南部のチャンパーサックが王国から離反した結果、ランサン王国はビエンチャン王国、ルアンパバーン王国、およびチャンパーサック王国の三王国に分裂したのである。

一七七〇年代末、三王国はシャムの朝貢国もしくは属国の地位に甘んずることになった。まず、ルアンパバーン王国は、シャムへの朝貢を義務付けられたものの、王国としての独自性はかろうじて守られた。しかし、ビエンチャン王国とチャンパーサック王国は、シャムの属国となり、これ以降、ラオス中・南部はシャムから強い影響を受けることになる。

一つ例をあげておこう。第四章で述べられたように、シャムではモンクット（のちのラーマ四世）の仏教改革運動により、タンマユット派と呼ばれる新しい宗派が確立された。同派はシャムの影響下にあったラオス中・南部にも導入され、一八八八年、チャンパーサックにタンマユット派寺院が建立された。のちに述べるように、現在、ラオスに宗派の区別はないが、ビエンチャンとチャンパーサックでは、かつてタンマユット派が存在していたということを今なお記憶している者が少なくない。この点でシャムからの影響が限定的だったルアンパバーンと対照的である。

一九世紀後半、アジアへ進出したフランスは、ラオスをシャムの支配下から切り離し、一八九九年、フランス領インドシナ連邦に編入して植民地統治を始めた。仏教に関して言えば、フランスは、シャムからの文化的影響力を排除するため、ラオスを同じインドシナ連邦内のカンボジアと結びつけようとした。一九一五年、カンボジアのプノンペンにパーリ語学校[6]が開校すると、ラオスの僧や見習僧にはプノンペン留学が奨励されたという。そののち、ビエンチャンおよびルアンパバーンには仏教協会が、プノンペンには仏教研究所が設置され、ラオスとカンボジアは、シャムとは一線を画する形で仏教の振興が図られたのである。

一九五三年、ラオスはフランスから独立したが、アメリカがインドシナ半島に介入をはじめ、一九六〇年代に入ると第二次インドシナ戦争（ベトナム戦争）が勃発した。ラオス国内では、アメリカの支援を受けた王国政府軍と北ベトナムの支援を受けた社会主義勢力が戦闘を繰り広げたが、社会主義勢力の勝利で決着した。その結果、一九七五年にラオス人民民主共和国が成立し、現在に至っている。社会主義体制下、仏教を取り巻く環境にどのような変化が見られたかについては、本章第四節で取り上げることにしよう。

二　はじめに「精霊」ありき――宗教の二層構造

ラオスの現行憲法では、特定の宗教を国教とはせず、国民に信仰の自由を認めているので、仏教も数ある宗教の中の一つという位置付けである。しかし、二〇一五年の国勢調査によると、宗教別信徒数の割合は、仏教が六四・七％、キリスト教が一・七％、「無宗教[7]／精霊信仰・祖先崇拝」が三二・四％となっているので、全体のおよそ三分の二を占める仏教が多数派の宗教であることは間違いない。ただし、ここで気をつけなければならないのは、仏教か、精霊信仰・祖先崇拝かという二者択一ということではなく、仏教徒でありつつ、精霊や祖先も祀《まつ》るというのが、むしろ普通だということである。

　現代の日本で暮らしていると、自然とのかかわりを意識することは、あまり多くないかもしれない。それは、目の前に食べ物があふれていることを当たり前だと感じ、たとえ災害や疫病が発生したとしても、科学がその原因を解明し、対策を講じてくれると考えているからであろう。しかし、ラオスでは、自分の身に降りかかるすべての出来事は、自然のいたる所に宿る精霊あるいは祖先の霊によって引き起こされるという考えが、今なお色濃く残っている。ラオス語では、このような「人間を越えた存在」を総称して「ピー（精霊）」というが、豊かな実りをもたらす「良いピー」もいれば、災害、病気、事故などを引き起こす「悪いピー」もいるのである。

写真 5-3　ピー（精霊）を祀る祠（ルアンパバーン）

　私たちにとって良いことや悪いことが、ピーの意思によって起こるのなら、なんとかしてその機嫌を取ることが必要となろう。そこで村にはピーを祀る祠《ほこら》（写真5―3）があり、ピーと交信してその意思を聞き出してくれる霊媒師がいる。村人たちは水牛や鶏などピーの好物を供えて祭祀を行い、それらとの関係維持や改善に心を配るのだ。

　東南アジアの他の国ぐにと同じように、こうした精霊信仰や祖先崇拝は、ラオスの人びとの間で広く共有され、社会において基層文化を成している。仏教徒といえども、ピーに無関心ではいられず、精霊信仰や祖先崇拝という基層の上に、仏教という第二層がのっているというわけだ。しかし、ラオスには精霊信仰や祖先崇拝を行うのみで、仏教を信仰していない人びとが相当数いることも事実である。精霊信仰や祖先崇拝は多くの人びとの間で共有されているのに、仏教を信仰する人たちとしない人たちがいるのはなぜだろうか。次節では、その違いが何からもたらされるのかについて考えてみよう。

三　仏教は山登りが苦手？——平地と山地のコントラスト

本章の冒頭で述べたとおり、平野や大きな盆地に位置するビエンチャンやルアンパバーンにいると、ラオスが「仏教国」であることを実感するが、ひとたび山地に足を踏み入れると状況は一変する。そこには僧・見習僧はおろか、寺院さえもほとんど見かけない世界が広がっている。大雑把に言えば、国民のおよそ三分の二を占める仏教徒が、平地の都市部や比較的大きな村々で生活している一方、仏教を信仰せず、主として精霊信仰や祖先崇拝を行っている人びとの多くは、山地に点在する小さな村々で暮らしているのである。

このような仏教徒と非仏教徒の分布の偏りは、民族集団の棲み分けによって説明されることが多い。つまり、ラオスの主要民族で、人口の六二・二％を占めるラオ・タイ系語族(8)に属する人びと（その大半がいわゆる「ラオ人」）は平地で暮らす仏教徒で、それ以外の少数民族(9)は山地に住む非仏教徒というわけである。このような民族を基準にした対比は、私たち外国人には一見わかりやすいが、「なぜ、民族の違いが仏教徒と非仏教徒を分かつのか」と改めて問い直してみると、答えはそれほど明らかではない。さらに言えば、少数民族の中にも平地に移住して、ラオ人と同じように仏教徒となっている例は少なくないし、反対に黒タイ、赤タイ、白タイと呼ばれる人たちは、ラオ・タイ系語族に属するにもかかわらず、非仏教徒である場合が多いというように、民族の区分と宗教の分布が常に重なり合うわけではない。

そこで、少し見方を変えて、地理的環境や人びとの生業という視点から仏教の受容について考えてみよう。第一章で述べられたとおり、上座部仏教僧は二二七条からなる戒律を守らなければならないが、「土を掘ること」や「草木を刈ること」まで禁じられているので[10]、自ら田畑を耕して食糧を生産することができない。これでは、在家信徒から食事などの支援を受けない限り、出家生活を続けていくことはできないし、そもそも寺院自体が存続できなくなる。しかし、平地の村々であれば、水田稲作を中心とした農業生産が盛んで、人口が比較的多いため、村人たちが地元の寺院およびそこに止住する僧たちを経済的に支えていくことが可能になる。

一方、山地で暮らす人びとは、山あいの小さな盆地における小規模な水田稲作を除けば、山の斜面で焼畑耕作を行うしかない。これは広大な土地を必要とする割に、収量が限られているため、山地の村々は人口の少ない小さな集落になりがちである。このような生活環境では、仮に何かのきっかけで外部から仏教の教えが持ち込まれることがあったとしても、村人たちが寺院を建立・維持し、僧たちの修行生活を支えていくことは容易ではなく、山の民の間に仏教が根付くことはかなり難しかったに違いない[11]。

仏教徒と非仏教徒の分布の偏りが、民族の違いによるものか、地理的環境や人びとの生業によるものか、あるいはこれら以外の要因によるものなのかは、今後さらに検討すべき課題であろう。いずれにせよ、「仏教国」とはいえ、その受容の濃淡は地域によって大きく異なり、平地と山地との間に鮮やかなコントラストを生み出していることを指摘しておきたい。

四　アイデンティティのよりどころ——社会主義体制下の仏教

第一節で述べたとおり、一九七五年、それまでの王国政府に代わって、社会主義に基づくラオス人民民主共和国が成立した。当時、ソビエト連邦をはじめとする社会主義諸国では「宗教はアヘン」といわれ、それが弾圧や迫害の的になった国も少なくなかったが、ラオスでは仏教に対するあからさまな破壊行為はほとんど見られなかった。社会主義革命に先立つ戦争の時代、僧たちの中にはアメリカの影響力拡大を快く思わない者も多く、ラオスの伝統文化や価値観を守るために、アメリカと敵対する社会主義勢力を支持していたからである。

しかし、破壊行為がなかったとはいえ、王国時代に存在していた二つの宗派——在来派およびタイ王室との関係が深いタンマユット派——はラオス仏教連盟協会に統一され、仏教界は党[12]および政府の管理の下、国家建設のために奉仕すべき存在とされた。そして、僧たちはマルクス＝レーニン主義を学ぶことが強要され、仏教の教えより社会主義理論が優先されることになった。

このような変化は、出家者（僧および見習僧）と在家信徒の日々の暮らしにも大きな影響を及ぼし始めた。例えば、新国家成立以来、経済が極度に困窮していたこともあり、国民は食糧増産に努めて、国家に貢献することが求められたが、それは出家者とて例外ではなかった。毎朝の托鉢は禁止され、僧や見習僧も農作業に従事して、自分の食べ物は自分で獲得せよということになったのだ。しかし、出家者にしてみれば、これは明らかに戒律違反であり、在家信徒にとっても、彼らが托鉢に来てくれないと、功徳を積む一つの機会が失われてしまう。

また、仏教儀礼自体は禁止されなかったが、それとともに行われる村の祭りは、金銭の浪費とみなされ、常に質素と倹約が求められた。ラオスの人びとにとって、農作物の収穫後、農閑期に行われる祭りは最大の楽しみであり、生きがいでもあった。新政権のこうした政策の結果、出家者の中には還俗《げんぞく》(修行生活をやめ、一般の生活に戻ること)したり、隣国タイへ逃げたりする者も多く、在家信徒の間でも政府に対する不満が高まっていった。

国民の支持を失うことを恐れた政府は、一九七六年末には托鉢禁止を撤廃し、そののちも、仏教に対する制約は徐々に廃止されていった。一九八〇年代末になると、仏教は国家のアイデンティティのよりどころとして政治的に利用されるようになった。その理由は、このころからソビエト連邦や東欧の社会主義諸国が相次いで崩壊したため、もはや社会主義のイデオロギーで、国をまとめていくことは困難となり、それに代わるものとして、仏教をはじめとする伝統文化や歴史などに基づいて、ラオスの独自性や一体性を強調する必要があったためである。

現在、ラオス政府は仏教を保護するとともに、政府高官が自ら率先して仏教儀礼に参列することで、政府と国民との間の一体感を示そうとしている。一方、仏教界の側も国家行事に積極的に参加することで、政府に対して協力的な姿勢を見せている。今後しばらくは、国家と仏教の間に深刻な対立は生まれず、共存を目指して良好な関係が続いていくのではないかと考えられる。

五　就学機会への扉——見習僧たちの出家理由

午後の昼下がり、ビエンチャンで寺院巡りをしていると、若い僧や見習僧から「コンニチハ、アナタハ ドコカラ キマシタカ?」などと声をかけられることがある。彼らの多くは、市内の日本語学校に通っており、会話の練習のために日本人とおぼしき旅行者に話かけてくるのだ。もちろん、これは日本語に限ったことではなく、英語や中国語などの外国語、あるいはコンピューターやネットワーク通信に関する知識や技能を身につけようとする者が少なくない。

表 5-1　被面接者（僧・見習僧）の年齢別内訳

	見習僧	僧								計
年齢（歳）	～ 19	20 ～ 29	30 ～ 39	40 ～ 49	50 ～ 59	60 ～ 69	70 ～ 79	80 ～	不明	
人数（人）	560	78	12	14	7	25	25	18	3	742

図 5-1　ルアンパバーン市における見習僧および僧（20 ～ 29 歳）638 名の出家理由（2009 年）

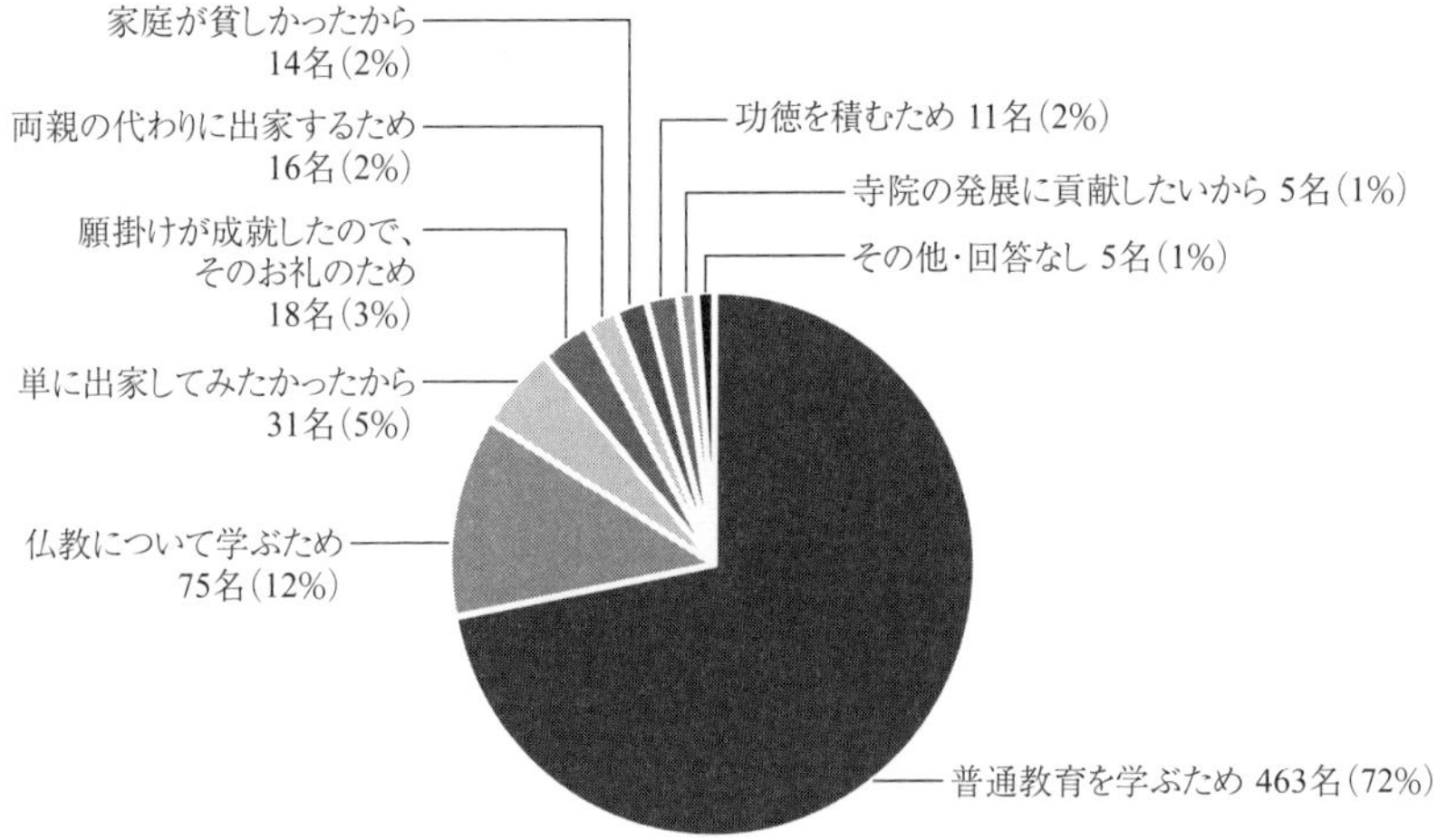

「出家」という以上、僧なら二二七条の戒律、見習僧なら十戒を守って修行生活を送り、仏教の教えについて学ぶのは当然だが、彼らが出家した理由はそれに限られるわけではない。ここでは、ルアンパバーンで行った調査の結果をもとに、現代の「出家」が持つ、もう一つの意味について考えてみよう。(13)

本調査における被面接者（僧・見習僧）の年齢別内訳は表5―1のとおりである。これを見ると、二〇歳未満の見習僧が五六〇名と圧倒的に多く、二〇～二九歳の僧が七八名で続いていることがわかる。三〇歳を越えると大きく減少しているが、彼らに出家理由を尋ねると、「仏教について学ぶため」「功徳を積むため」「願掛けが成就したので、そのお礼のため」「寺院の発展に貢献したいから」というように仏教にまつわる回答が数多く見られた。

一方、見習僧と僧（二〇～二九歳）からなる六三八名では、図5―1に示すとおり、第一

写真 5-4　ナーニャーンタイ寺の見習僧（ルアンパバーン）

写真 5-5　ナーニャーンタイ中学校で一般の生徒たちと学ぶ見習僧（右奥）（ルアンパバーン）

位の「普通教育を学ぶため」が七二%を占め、第二位の「仏教について学ぶため」（一二%）を大きく引き離している。つまり、三〇歳未満の若い出家者に限ると、その七割以上が仏教とは直接関係のない理由で出家しているのである。

これについては、少し説明が必要かもしれない。まず、なぜ「普通教育」を受けるために出家するのかということだが、家庭の経済状況が厳しい子どもたちも、出家すれば、毎日の衣食住が保証され、無償で教育が受けられるからである。例えば、ルアンパバーン市内には普通教育の小中高校の各課程と同様のカリキュラムを備えたサンガ[14]学校が二か所設置されているが、卒業資格も普通教育のそれと同等であり、卒業後の進路についても何ら制約がない（還俗後、民間企業などに就職しても何ら問題はない）。また、サンガ学校がない地域では、見習僧のまま、一般の生徒たちが通う学校への進学が許されている（写真5―5）。さらに、地方で高校課程を修めたのち、都市部の寺院に移籍したうえで、大学、専門学校、語学学校などへ進学する見習僧や僧も珍しくない。もちろん、彼らは寺院内で仏教について学んでいるが、還俗後の就職に直接役立つ勉強にも余念がないのである。

先に述べたとおり、ラオスの少数民族は仏教を信仰せず、精霊信仰・祖先崇拝を行っているとよく言われるが、北部山地で暮らすモン・クメール系語族のクム（カム）人の子どもたちは、就学の機会を求めて山の村を離れ、ルアンパバーン市内の寺院で多数出家している。このように、ラオスの仏教は、経済的にハンディキャップを有する若者に対して学習環境を提供することで、就学機会への扉を開くという役割をも果たしているのだ。

本章では、おもに歴史的な視点からラオス仏教の特徴について考えてみた。ここで明らかになったことは、この国の仏教は周辺地域との相互作用や各時代の政治・経済状況などから少なからぬ影響を受け、仏教と社会の関わり方も常に変化してきたということである。今後、ラオスにおいてもグローバル化の進展とともに、都市と農村、富裕層と貧困層との格差が広がっていくのではないかと危惧している。人びとを取り巻く環境が急速に変化していくなか、仏教は人びとに何をなし得るだろうか。その未来を隣人の一人として見守っていきたい。

注

（1）ただし、数は少ないものの、中国系およびベトナム系住民の信仰を集める大乗仏教も存在し、中国・ベトナム正月ともなると、大乗仏教寺院は初詣に訪れた人びとで賑わいを見せる。

（2）タム文字については、第一章の「コラム――同じ？　違う？　各地の仏教用語」も参照。

（3）エメラルド仏は、一七七九年、シャム（現在のタイ）軍によってバンコクへ持ち去られ、しばらくワット・アルン寺に安置されたのち、一七八二年、ワット・プラケーオ寺に移された。なお、ラオスはタイに対して、この仏像の返還を求めている（第一章も参照）。

（4）そののち、パバーン仏は、一七〇五年にビエンチャンへ移されたが、エメラルド仏と同様、一七七九年、シャム軍によってバンコクへ持ち去られた。三年後に返還されたが、一八二七年、再びシャム軍によって持ち去られ、一八六七年、ルアンパバーンに返還された。現在は同地の王宮博物館に展示されている（第一章も参照）。

（5）現在、ルアンパバーンは観光地として国際的にも有名である。一九九五年、ユネスコの世界遺産にも登録された。市街地には、かつての王立寺院シェントーン寺やマイ寺をはじめ六〇近くの寺院や旧王宮（現在は王宮博物館）が残り、ランサン王国の面影を今に伝えている。

（6）パーリ語とは古代インドの言語の一つで、上座部仏教の仏典もこれによって書かれていた。したがって、パーリ語学校は、単なる語学学校ではなく、上座部仏教の教理学校といってよい（第一章も参照）。
（7）この「無宗教」は、まったく何も信仰していないということではなく、仏教のような、明文化された教理や戒律を備えた宗教は信仰していないという意味であろう。ここで「無宗教」と回答した人も、実際には精霊や祖先の霊を敬い、さまざまな宗教儀礼を行っていると考えられる。
（8）「タイ・カダイ語族」と呼ばれることが多いが、ここではラオス統計局の分類法にしたがった（次の注も同様）。
（9）内訳は、モン・クメール系語族が二四・八％、モン・イウミエン系語族が九・七％、シナ・チベット系語族が二・九％である（二〇一五年ラオス国勢調査）。
（10）「土を掘ること」が禁じられているのは、そうすることで土中の生き物の命を奪う可能性があり、これが殺生とみなされるからである。
（11）地理的環境や生業から見た平地民と山地民の対比は、ラオスのみならず、東南アジア大陸部内陸山地において、しばしば議論されてきたテーマである。例えば、エドモンド・リーチは、ミャンマー北部山地において「一般則として、河谷の住民がみずからの必要を越える米の生産者であり、（中略）山地の住民は米不足に悩まされ」ていたと述べたうえで、平地の「水田からもたらされる繁栄は仏教を意味する」とし、余剰生産の有無と仏教の受容との関係を示唆している［リーチ　一九九五：二五―六、三八］。
（12）ラオスでは現在に至るまで、ラオス人民革命党による一党支配が続いている。
（13）本調査は、二〇〇九年八月、ルアンパバーン市の全村一一五か村のうち、道路不良のため到達できなかった七か村を除く一〇八か村内の全寺院八二か所で行った。被面接者数は、調査時に各寺院にいたすべての僧、見習僧および女性修行者からなる七七七名である。調査は選択回答形式で行い、あらかじめ用意した選択肢の中から自分の出家理由に最も近いものを一つだけ選んで回答してもらった。なお、同市で調査を実施したのは、都市化が進んだ首都ビエンチャンに比べ、伝統的な仏教徒社会の姿を色濃く残しているうえ、仏教文化の一大中心地として多数の出家者を有し、短期間に多くのデータ収集が可能であったことによる［付記：本調査は、二〇〇八―二〇一〇年度科学研究費補助金（基盤研究（A））「大陸部東南アジア仏教徒社会の時空間マッピング――寺院類型・社会移動・ネットワーク」（研究代表者：林行夫）の一環として行われた］。
（14）サンガとは「出家者の集団」を意味する。

参考文献等
片岡　樹編

二〇一二 『CIAS Discussion Paper Series No.26 聖なるもののマッピング――宗教からみた地域像の再構築に向けて』京都大学地域研究統合情報センター。

菊池陽子他編

二〇一〇 『ラオスを知るための六〇章』明石書店。

スチュアート・フォックス、マーチン（菊池陽子訳）

二〇一〇 『ラオス史』めこん。

奈良康明他編

二〇一一 『新アジア仏教史〇四 スリランカ・東南アジア 静と動の仏教』佼成出版社。

パーリ学仏教文化学会・上座仏教事典編集委員会編

二〇一六 『上座仏教事典』めこん。

山田紀彦

二〇一八 『ラオスの基礎知識』めこん。

リーチ、エドモンド（関本照夫訳）

一九九五 『高地ビルマの政治体系』弘文堂。

Lejosne, Jean-Claude

1987 *Le Journal de Voyage de G. Van Wuysthoff et de ses Assistants au Laos*（*1641-1642*）. Metz: Centre de Documentation du Cercle de Culture et de Recherches Laotiennes.

Marini, G.F. de

1998 *A New and Interesting Description of the Lao Kingdom*. Walter E.J. Tips and Claudio Bertuccio（trans.）. Bangkok: White Lotus.

Ministry of Planning and Investment, Lao Statistics Bureau

N/A *Results of Population and Housing Census 2015*. Ministry of Planning and Investment, Lao Statistics Bureau.

Lao Youth Radio Station FM 90.0 MHZ

2019 ຈຳນວນສະຖິຕິ ພະສົງ ສາມະເນນ ແລະ ວັດ ໃນ ສປປ ລາວ ຮອບປີ（二〇一九年ラオス人民民主共和国における僧・見習僧・寺院統計）http://www.laoyouth-radio.com/2019/12/2019.html（二〇二一年三月一六日閲覧）

第六章　ミャンマー

和田理寛

二〇一一年の「民政」移管までほぼ五〇年間、ミャンマー（ビルマとも呼ぶ）では軍人が政治を支配してきた。近年、旅行やビジネスで誰もが気軽に訪れることのできる身近な国になった――と思っていた矢先、二〇二一年二月一日にクーデタが起き、現時点では再び軍人支配の国に戻っている。

このミャンマーもまた上座部仏教徒が多数を占める国である。出家者を支える在家者、功徳の考え、仏典や戒律の内容など、基本において他の上座部仏教国・地域と違いはない。呪術的な仏教があったり、土着の精霊信仰と仏教が併存していたりといった点でも他地域とよく似ている。そのなかで「ミャンマー仏教」の特徴とは何だろうか。説明の仕方はいろいろあるだろうが、本章ではこの国の仏教を理解する切り口として、仏塔《ぶっとう》信仰、出家者の自立性、若者と仏教の三点に注目してみたい。

仏塔はこの国を訪れたことのある人なら「随分多いな」と感じたと思う。仏塔信仰はどの上座部仏教徒社会にもみられるが、とくにミャンマーはそれが卓越した「仏塔国」である。最大都市ヤンゴンには丘の上にシュエダゴンの大仏塔（高さ九九メートル、写真6―1）が建ち、この街が小さな漁村にすぎなかった何百年も前から変わりゆく人々の暮らしを見守ってきた。地方でも仏教徒のいる地域であれば、町や村のなか、丘や山の上などあらゆるところに

写真 6-1　シュエダゴン仏塔（ヤンゴン）

仏塔をみることができる。この仏塔信仰については第一節で取り上げる。

第二節では出家者の自立性に注目したい。ここでの「自立」は世俗権力（在家者の政治権力）との関係を念頭においている。ミャンマーの出家者は、手を結ぶにせよ、距離をとるにせよ、あるいは状況に応じてその距離感を使い分けるにせよ、国や王といった世俗権力からの自立志向が強いように思われる。

例えばタイの仏教に触れてからミャンマーについて学ぶと、僧が政治参加していたり、熱烈な民族主義者だったりと驚くことが多い。タイでも反政府デモに参加する僧はいるが、その数はごく限られているのに対し、ミャンマーでは二〇〇七年に数万人の出家者がデモに加わり世界の注目を浴びた。また、例えば北タイの伝統文字（タム文字）といった少数言語の文字が実際に使われる機会がタイでは減っており、学校授業や寺院で細々と伝授されている印象を受けるが、ミャンマーでは少数民族の出家者が自分たちの言語や文字を意識して積極的に使い、在家者を対象とした教育や普及活動でリーダーシップを発揮している姿を目にする。さらに宗派について、ミャンマーは公認されただけで九派と他国に比べて多く、またこれ以外に非公認の出家者組織が無数にみられる。

こうした個性はどこから生まれたのだろうか。見立てとして、出家者が世俗権力から自立していることに自負をもち、聖職者として自ら考え行動することに重きを置いているから、と仮定してはどうだろう。制度的にもミャンマーは、僧に対する中央集権的な管理がタイほどは徹底されていない（例えば住職任命の自由など）。そのため、地域や民族ごと、宗派や寺院ごとに無数の中心があり、それぞれが強い主体性を発揮しながら、自分たちの仏教を自らの手で育んできた。本章第二節では、そのルーツを植民地時代にも辿りつつ、こうした出家者の自立性について考えたい。

最後の第三節では若者と仏教について取り上げる。かつて寺院は村の教育機関であった。今ではその役目を学校制度（公教育）にゆずったが、ミャンマーは現在でも寺院と若者の関係が密であり、出家者は次世代に対する社会化の力や影響力をいまだ失っていない。若い世代がどのように寺院と関わっているか、これに目を向けることは、仏教の将来を占ううえでも何かヒントになるかもしれない。

なお、本章では取り上げなかったが、ミャンマーは仏教学習（教学）や瞑想修行が盛んなことでも知られる。瞑想は出家在家を問わず多くの者が行っており、なかには「毎朝、出勤前に瞑想します」など日々の習慣とする在家者もいる。瞑想センターも数多く、外国からも関心を集めている。本書では、ミャンマーでの出家経験をつづった第二章が瞑想に触れているので参照されたい。

一　仏塔信仰

ミャンマーでは大きな功徳を積める行為として、出家者の支援のほかに、仏塔の建立が重視されてきた。この仏塔建立は、寺院の建立や修復とは異なり出家者の修行を助けることには直接つながっていないが、どのように理解すればよいのだろうか。

仏塔の歴史は古く、まだ仏像が作られるようになる前のインドでは、ブッダの遺骨を祀る「お墓」として仏教徒の崇拝対象となってきた。その後、上座部仏教を受容したスリランカや東南アジア大陸部でも、ブッダの遺骨、歯、髪（これらを舎利《しゃり》または仏舎利《ぶっしゃり》と呼ぶ）などを内部におさめたと伝わる仏塔がかねてより人々の信仰を集めてきた。も

写真 6-2　村落寺院の境内に建つ仏塔（左）。仏塔周りは柵で囲まれ、空間的に独立している（ミャンマー）。

ちろん、これは一部であり、多くの仏塔は仏舎利をもたないが、いずれも仏塔はブッダのシンボルとして、仏像と同様に、広く崇拝を集めている（ミャンマーでは仏像も仏塔も同じく「パヤー」と呼ぶことがある）。

ミャンマーでは王朝時代から現在までこの仏塔建立に大きな熱意が注がれ、王、民衆、軍事政権、カリスマ僧、いずれもこの一大積徳事業のスポンサーとなってきた。とくに権力者にとっては自分の威徳をわかりやすく顕示する機会にもなる。シュエダゴン仏塔もかつて王や女王がその増改築に関わったとされ、その積徳の功績を目に見える形で今に伝えている。

仏塔建立として有名な遺跡といえばバガン（パガンとも）だろう。二〇一九年、ユネスコの世界遺産に登録されたバガン遺跡は、三五〇〇以上の仏塔や寺院が土埃舞う乾いた大地から天にむかってそびえ、壮大な宗教空間を形作っている。これら大小の仏教建造物は、王や民衆が「我こそは」と競って建てたとされる。そして、この積徳競争は、一方では職人の雇用や材料調達を促して経済を活性化し王国の繁栄に寄与したが、他方では寺院が所有する免税地が徐々に拡大することで王権の弱体化につながり、ひいてはバガン王国滅亡の原因のひとつになったとも考えられている[1]［Aung-Thwin 1985］。

また仏塔は単に信仰や積徳の対象というだけではなく、人々が集まる空間でもある。高名な仏塔であれば、参道に土産物屋や仏像販売店などが並び、参拝客を楽しませる。各地各様の仏塔祭りも開かれている（口絵13）。何かの用事で地方に赴けば、その土地のちょっとした見どころが仏塔だったということもよくある。神聖な空間でありながら、村人がふらっと立ち寄る憩いの場であり、ときに若者のデート先にもなっている。

ミャンマーの仏塔は寺院の敷地内にある場合もあるが、寺院の外に独立して建てられていることも多い。シュエダゴン仏塔のように、真ん中に大きな仏塔が建ち、その周りに寺院がいくつも集まっているような配置もよくみられる。他の地域に対して、こうした「仏塔の独立性」はミャンマーらしい特徴としてしばしば指摘されてきた。また、出家者が暮らし日々修行している寺院に対して、仏塔はどちらかといえば在家者を中心とする礼拝空間ともいわれる。ミャンマーでは多くの場合、仏塔の管理運営が、出家者ではなく在家信徒の委員会によって担われているが、これも「仏塔は在家信者の領域」といわれる理由である(2)［生野 一九九五、高谷 一九九三］。

出家者とは普段あまり接点のない日本の私たちにとって、こうした仏塔信仰は感覚的にわかりやすいかもしれない。初詣や観光で私たちは寺に参拝し仏像に手を合わせるが、ミャンマーをはじめとする上座部仏教徒の社会では仏像と同じように仏塔も拝んでいる。こうした仏像や仏塔への信仰を、出家者を挟まない在家者中心の仏教実践として注目する研究者もいる。

いきなりお坊さんと顔を突き合わせるのはハードルが高いという人は、上座部仏教徒社会を理解する入口として仏塔まいりから始めてみるのはどうだろうか。タイルの上に素足で座り仏塔を見上げて願い事をすれば、現地の人の気持ちに少し寄り添えるかも知れない。

二　出家者の自立性――政治、宗派、民族

かつて上座部仏教徒社会には各地に大小の王があり、在家仏教徒の模範として仏教僧を支援してきた。若い王子は一時出家を経験し、また王や妃は寺院の建立や修復を進んで行った。強大な王国は仏教試験を実施し、優秀な成績を収めた出家者には褒美を与えて教学の発展を促した。出家者もまた、王が仏教に帰依し、偽僧や破戒僧を駆逐

することを期待した。——これが伝統的な上座部仏教王国のモデルである。

ただし、伝統的な王権と出家者の関係は、相互に依存し支え合うという関係だけではない。もうひとつの方向性として、出家者が王権をはじめとする世俗権力の介入を避けようとする一面がある。現代ミャンマーの出家者たちはこちらの伝統も受け継ぎ、「世俗の指図は受けけん」という自負をもって、聖職者の自立性を守ってきたように思う。英領植民地時代に王朝が滅亡し、王なき仏教大国となったことも、こうした傾向を強めることにつながった。

もちろん僧が自立的であっても政治と無関係だとは限らない。実際は、世俗権力と手を結ぶ、政権を批判する、世俗の政治には一切関与しないなど、自立的であるからこそ各自の判断にそった多様な方向がみられる。

以下ではまず仏教と政治の関係、とくに世俗権力を批判する側についた出家者の運動について時代を振り返りながら簡単に紹介したい。そのあと、宗派形成や少数民族運動といった形で自立性を発揮してきた出家者の一面に注目しようと思う。

1　仏教と政治

出家者は世俗の政治に関わるべきか否か、というのは現地社会でも意見のわかれるテーマだ。

ミャンマーについては、イギリスの植民地支配に抵抗し、独立運動やナショナリズム運動が盛り上がっていくなかで、仏教もそれに少なからぬ影響を与えたことがよく指摘される。イギリスは一九世紀を通して段階的に支配を拡げ、一八八六年、最終的にミャンマーの王朝を滅亡に追いやって全土を植民地化した。このイギリス支配に抵抗する運動が二〇世紀初頭から本格化しはじめるが、とくにその初期において、仏教もまた運動を後押しし、イギリスに対する「我々仏教徒」としての意識と団結を刺激してきた。

例えば、イギリス人が仏塔境内に靴のまま立ち入ることへの反対運動は、支配者である外国人に対し、現地社会への理解と敬意を求める主張として、当時の民衆から注目を浴びた。また、より直接的に「イギリス支配のせいで仏教が衰退している」と訴えて、人々の心に反英感情の火をともそうと、農村部での運動を組織的に繰り広げる政治僧たちの姿もあった［伊野　一九九八、根本　二〇一四］。ナショナリズム運動は、その後、独立という政治主張を明確に打ち出すようになり宗教色は徐々に後退していくが、その初期のまどろみのなか、仏教を守ろうという主張に伴って民衆が外国支配に疑問を抱き始めたことは、この国の仏教と政治の関わりを考えるうえでも注目されてきた。

イギリスの仏教支援は不十分だ、というのが、植民地時代における仏教徒の不満のひとつであった。では一九四八年に独立したあと、ミャンマーは国としてどのような仏教支援を行ってきたのだろうか。独立直後の民主政権は、一大事業である仏典の整理編纂のための大集会（結集《けつじゅう》）を開き、国内外の仏教史に輝かしい功績を残した。しかし、そのあと「仏教を国教に定める」と公約して選挙に勝った政党が、仏教国教化に賛成する仏教徒と、強く反発する非仏教徒の間で板挟みになり混乱を招くことになった。

その後、一九六二年のクーデタから約半世紀に及ぶ長い軍人支配の時代がはじまる。そして、その折り返し地点である一九八八年に大規模な民主化運動が起きてからは、同運動に参加する出家者が現れる。とくに二〇〇七年の反政府デモは有名であり、ピーク時には三～五万人ともいわれる出家者がデモに参加したとされる。このとき「覆《ふく》鉢《ばち》」といって鉢を上下さかさまにして歩くことで、「功徳を積む機会を与えないぞ」と、軍政に抗議を示した出家者もあり強い印象を残した。最終的に出家者のデモは、軍政により暴力的に封じ込められるが、一部の出家者はときに民衆の盾となり非暴力的に世俗権力と戦うことを示す事例となった［守屋　編訳・根本　解説　二〇一〇］。このように多くの仏教僧が政治活動に参加し、白昼堂々と軍人支配に対して抗議を示すことは、隣国タイではあまり見られない。これは、タイでは出家者の政治活動が禁じられているとともに、出家者の多くが体制側に取り込まれているためだろう。またラオスでは、デモ自体が厳しい取り締まりの対象のため、出家者・在家者を問わず、反政治活動に参加することはまずない（カンボジアについては本書第三章を参照）。

ところがミャンマーでは、その後、民主化が進むにつれ、今度はムスリム排斥を主導する政治僧の姿が注目されるようになった。二〇一一年の「民政」移管後、出家者の率いる反ムスリム運動が目立つようになり、「仏教徒なら仏教徒の店で商品を買おう」（ムスリムの商店は利用するな）といった呼びかけが民衆の間にも影響を及ぼしていった。また、出家者団体が「民族・宗教保護法案」なる法案をつくり議会にはたらきかけて、その立法化に成功している。これはムスリムをターゲットに産児制限をしたり（とくにバングラデシュ国境のロヒンギャが対象）、ムスリム男性と仏教徒女性の結婚や、仏教徒妻のムスリムへの改宗を抑制したりするための法律であると考えられている。出家者の政治活動は、こうして異教徒への排除や抑圧に結びつく形で展開してしまうこともある［藏本　二〇一六、平木　二〇一六］。

幸いにも民主化運動のシンボルであり国民に絶大な人気を誇るアウンサンスーチーの政党から賛同をえなかったことで、こうしたムスリム排斥運動はかつての勢いを失いつつあるようだ。アウンサンスーチーは、一方でロヒンギャ問題に対して人権を重視した対応を十分にとることができず、国際的な批判にさらされてきたが、他方では選挙活動などをとおして出家者の反ムスリム運動を支持しないという流れを生み出してきた面もある［藏本　二〇二〇］。

出家者は政治に参加すべきか、それとも関わるべきではないのか。あるいは出家者の政治参加や不参加によって、誰がどのように得してきたのか。出家者が政治と関わることが禁じられている他国の例と比べながら考えてみてほしい。

2　宗派

それでは、出家者による政治関与の逆の方向、つまり世俗権力が出家者に介入することについてはどうだろうか。

介入すべきか否かという点では、これも現地社会で意見の分かれる問題である。一方には、清く正しい出家者の世界を守るために世俗権力の手を借りて破戒僧を排除すべきだとする考えがあり、もう一方には、出家者たちの自立性を重んじ、世俗権力はそこに極力関与すべきでないとする意見がある。現状としては、現在のタイが前者、ミャンマーはどちらかといえば後者の傾向が強い。これを宗派の例からみてみよう。

ミャンマーでは一九世紀半ばから二〇世紀初頭にかけて多くの宗派（教派とも）がうまれた。こうした宗派の多くは、上座部仏教の思想に大きな変化をもたらすのではなく、伝統に回帰し戒律遵守に重きをおくなかで形成されてきたと考えられている。つまり、自分たちは戒律に厳しくあろうとし、周りの僧との間に見えない壁をもうけ、師僧や先輩僧が目の届く範囲で門下の弟子僧・見習僧たちをしっかり管理・指導しようとした結果、いくつも小さな宗派が誕生してきた。これは世俗権力が介入しなくても、破戒に手を染めない清浄な出家者を育てる仕組みを出家者自ら作り出すための工夫であったともいえる。また、先に英領化されたミャンマー南部では、北部にあった王権やその支援を受けた高僧たちから強く干渉されずに、各宗派が自由に活動するには都合が良かった。植民地化と王権の影響力の縮小は、こうして出家者たちが自立的な活動を展開する幅を広げていった。

写真 6-3　民家 2 階の仏壇。生活空間と切り離し外に張り出している（ミャンマー）。

一九八〇年、ミャンマー政府は他国を参考に全国の出家者を管理する仕組みを作り、宗派についても公認された団体以外を認めないと定めた。しかし、中央集権的な出家者統制システムが整備されたタイとは異なり、ミャンマーでは上座部仏教の理念から逸脱しない限り、その後も分権的で多極的な形が存続することになった。九派という多くの宗派を公認したのもその一例である。また、宗派をこえて全国の僧の頂点に立つ「サンガ王」のような役職もつくられなかった（王朝時代はかなり名目的であったとはいえミャンマーにも同種の役職が存在した）。住職の選出についてもミャンマーでは各寺院や宗派に任されているようである。

この一九八〇年にはじまる出家者管理制度は、国が推進したものであるにもかかわらず、国家法ではなく、出家者同士の内部規則という体裁をとっている（タイは国家法）[3]。これもおそらく出家者の自立性に配慮したためであろう。ミャンマーは、世俗国家や他宗派から過度に干渉されることを快く思わない出家者が少なくないように思う。

3　民族主義

公認九宗派だけでも数は多いが、ミャンマーではそれ以外にも公認されていない無数の出家団体が、かなりの組織力を発揮して活動している。そのうちのひとつが少数民族の出家組織である。こうした少数民族の出家者にも注目してみよう。

この国は民族的に極めて豊かで、七割弱を占める多数派民族のビルマ人以外にも、数多くの少数民族が暮らしている（公認だけでもビルマを入れて一三五集団）。二〇世紀半ばからは、一部の少数民族組織が武装化し実効支配地域をもうけて今でも政府軍と対峙している。一方、こうした武装勢力とは別に、非暴力的な少数民族の文化運動も制約のなか広く行われてきた。これらに加え、民族主義者として活動する少数民族の出家者たちがいる。

少数民族の出家者組織としては、これまで分かっているだけでも、クン、パオ、モンといった民族の活動が知られている（いずれの民族も上座部仏教徒が人口の多数を占める）。クン（言語的にはタイ語系統）の出家者は国の仏教試験に参加せず、クン語による独自の仏教試験を実施している。パオ（カレン語系統）の出家者組織は、在家者を対象に、パオ語を使った仏教試験を主催している。モン（モン・クメール語系統）は地域をこえた出家者の統一団体を組織し、出家者向けにモン語を使った独自の仏教試験を毎年実施しており、これが教学に励む各地の若いモンの出家者が一堂に会する定期的な機会となっている(4)。

これらはある意味「古くて新しい」活動だ。文字、言語、お経の発音など民族仏教の伝統を重視する点では昔からの実践と連続している。他方、公教育やマスメディアによる多数派ビルマ人への同化圧力に抵抗しようと、出版、インターネット、SNS、試験制度などの技術を駆使して、自分たちの少数言語を実際に使う機会を拡大している点では、近現代以降の新しい動きである。

上座部仏教は国や民族を超えて共通点が多い。にもかかわらず、なぜ出家者がこうした民族主義運動を自ら行ってきたのだろうか。これは国が強力な仏教僧の中央集権化を行わず自立性をある程度容認したことに加え、そもそも出家者が民族語の文字や書き言葉の伝統的担い手であること、また、こうした書き言葉が話し言葉の方言差を超えた統一的活動に結びつく性格をもっていることが重要な要素としてあげられよう。

三　若者と仏教

タイと比べて、ミャンマーでは若者や子どもと寺院との距離がより近いように感じる。印象論ではあるが、こうした若い世代にも最後に少し触れたい。

タイにはミャンマーからの移民労働者が約一〇〇〜二〇〇万人いるとされる。もはやタイの経済はミャンマーの人たちなしには成り立たない。しかし、日本をはじめ世界中の外国人労働者が直面するように、社会の底辺で汗水たらして働く彼らは、ホスト社会からの蔑《さげす》みや憐《あわれ》みの対象にもなってきた。そんな彼らに対してタイ市民が一目置くときがある。

写真 6-4　寺院で仲間同士楽しそうに、さとうきびジュースをつくる大学生たち（ミャンマー）。

バンコク南西部では、ミャンマー出身の若い労働者（仏教徒）たちが、積極的に寺院に足を運び、寄進を行ったり、祭りを行ったりしている。地元のタイ人は、こうした若者の労働者をさして「積徳行がすごい」と述べていた。故郷を離れ、金を稼ぎにきている彼ら移民労働者は、普段、狭いアパートの一室に数人で住み込み、母国への仕送りや将来にむけた貯蓄に励んでいるにもかかわらず、出安居その他の機会になると寺院を訪れ、惜しげなく寄付をする。朝、僧の托鉢に食事を寄進する者もいる。しかも壮年だけでなく若者の姿も多い。何かの機会に仏教僧が姿を現すと、椅子に腰かけていた若い男女が、ぱっと地べたに座り込み、出家者に敬意を示すこともよくある。中部タイでは年配者はともかく、若者でここまでする者はあまりみかけない。

ミャンマーの若者にとって寺院に行くのは退屈で堅苦しいことではなさそうだ。気の合う若い男女が集まって、寺院に寄付するための募金活動を行ったり、仏教行事で参拝者に食事を無料でふるまったりと、仲間同士善行を楽しむ風景はおなじみである（写真6―4）。出安居などの祭りの日であれば、男女とも着飾って寺院に出かける（ただし伝統衣装がベースであり、丈の短いズボンやスカートなどの「おしゃれ」は寺院では避けている）。

写真 6-5　昼休み、寺院の掃き掃除をする 4 歳児（ミャンマー）。

子どもたちもよく寺院に姿をみせる。ミャンマーの地方寺院では、日中、学校の制服を着たまま境内の掃き掃除をしている幼稚園児たちに会った（写真6―5）。学校がある日はいつも家で昼食を食べているが、今日は母親が寺院で出家者の昼食を用意する当番なのでついてきたのだという。また夕方、大人を伴わず一〇人ほどで寺院を訪れ、仏像に花を供え手を合わせる子どもたちの姿もあった（口絵12）。

もともと寺院は子どもと距離が近かった。近代化以前、上座部仏教徒社会ではどこでも、男児は寺院で読み書きの初歩を習った。寺院と子どもの繋がりが希薄になりはじめる大きなきっかけは、近代的な学校教育制度の導入である。

かつてタイにも「寺子」がいた。これは小学生くらいの男児が寺院に泊まり込むか、または自宅から毎日寺院に通い、出家者の身の回りの世話をしながら、寺院で文字などの勉学や仏教のいろはを教えてもらうという制度である。しかし筆者は、現在の中部タイでこうした昔ながらの寺子をみたことがない。

そのためミャンマーで寺子をみたときは、過去にタイムスリップしたようであった。とある地方寺院には、公立学校の夏休み期間、一〇～一二才の男児七人が寝泊まりし、境内の掃き掃除など出家者の手伝いをしながら、住職に勉強や瞑想を教わったり、夜にお経の練習をしたりして過ごしていた。遊び盛りで問題や失敗を繰り返しながらも、寺院に育てられているという感じであった。しばらくして再訪すると、そのうちの一人は見習僧として出家していた。

こうした寺子制度とは別に、僧や女性修行者の支援する「寺院学校（僧院学校）」もまたミャンマーではよく知られている。寺院学校は、主に在家の貧しい子どもたち（男女）を集めて無償で教育機会を提供している。また、宗教省管轄のもと、普通の公立学校と同じ公教育カリキュラムを導入しているところも多い［増田　二〇一二］。二〇一五年現在、こうした公教育カリキュラムを採用する寺院学校は全国に一五〇〇校以上あり、在籍する学生は約三〇万人を数え、教育制度全体においても小さくない存在感を示している。[5]

出家と教育の関係についてはどうだろうか。第三章と第五章でみたように、カンボジアとラオスには普通教育を受けるために出家する見習僧たちが多くいる。ミャンマーにはこうした普通教育を受ける見習僧がどれくらいいるか不明だが、少なくとも出家すれば仏教教育を受けることができる。差し当たり普通教育と仏教教育をひっくるめ教育機会と大きくとらえて、見習僧の数の変化をタイと比べてみよう。タイは僧一〇〇人に対する見習僧の割合が、六四人（一九二七年）、四二人（一九八〇年）、三八人（二〇〇二年）、一七人（二〇一七年）と減少してきた。タイでは見習僧が世俗教育（中等教育）を受けられる仕組みが整っているものの、それでもひと昔前のように教育機会を求めて出家することはだんだん少なくなっているようである。一方のミャンマーは、同じく僧一〇〇人に対する見習僧の割合が一〇一人（一九八〇年）、一三九人（二〇〇二年）、八二人（二〇一七年）とタイに比べてはるかに多い（カンボジアとラオスの同割合はさらに多い）。絶対数でも、タイの見習僧が四万七五〇五人であるのに対し、ミャンマーは二三万三七一四人である（二〇一七年）。つまり、世俗の普通教育にせよ仏教教育にせよ、見習僧として何らかの形で学ぶ機会を享受している者はミャンマーのほうがタイより圧倒的に多い(7)。もちろん、この背景に教育機会を期待した出家がどれくらいあるかは今後調べる必要があるが、いずれにせよ、ミャンマーでは見習僧の数という点においても若者と寺院の関係がより密接であると分かるだろう。

また、ミャンマーでは出家者自身も「若者の仏教離れ」を食い止める取り組みを行っている。例えば、若い出家者と男女在家者を集め、夏季の英語講座などを主催している寺院もある。この国では大学就学率が一二%と低く、学びに飢えた若者も多い。そのなかで、伝統的な教育機関としての寺院が、在家若者の需要に応えて新たな学習の場を提供し、現代社会のなかに出家者の役割を確保しようと努力しているようにもみえる。さて、もし今後、大学就学率が上昇し、学歴がより重視されるようになったとき、寺院や若者はどんな反応をみせるのか。寺院は若者の心をつなぎとめることができるだろうか。

小括

本章ではミャンマー仏教の特徴として、仏塔信仰、出家者の自立性、そして若者と寺院の三点を取り上げた。仏塔信仰は、在家者が出家者を介さなくても積徳ができる、そんな機会を提供している。この考えを極端な方向に振れば「出家者がいなくても上座部仏教は成り立つ」ということになる。こうした事例は中国雲南省でみることができる。次章では、出家者がいない徳宏の村において、在家者たちがどのように仏教実践を行っているのか取り上げたい。

ただし、ミャンマーには多くの出家者があり、減少の兆候はみられない。在家者は子どもから年配者まで、僧を大切にし、敬い、頼っており、期待を受けた出家者の発言や意向は世代をこえて人々を動かす力をもっている。仏塔信仰が盛んであっても、出家者が不要になるわけでは全くない。ミャンマーは両者が並行する例である。

また、ミャンマーでは僧の自立性が高く、様々な自発的活動が展開してきた。その結果、多様性に富み、どれをもってミャンマー仏教の典型とすべきかよく分からないくらいだ。例えば、日本のビジネスマンからミャンマーのお坊さんには敬意を覚えないといわれたことがあるが、これはおそらく日中ヤンゴンの街角を物乞いのごとく放浪する出家者の姿が目に留まったからだろう。これもひとつの現実であるが、他方、外国人の目が届かないところで、在家者との接点をさけながら戒律に厳しく生きる出家者がいることもまた事実である。自動車やバイクを自分で運転する僧もいれば、それを横目に批判する僧もいる。僧の政治的な立場も政権側であったり反体制側であったりと様々である。民族活動を牽引する少数民族僧もいる。

政治僧の活躍については賛否あるものの、この国の出家者がもつ時代への適応力や柔軟性を考えると、政策が人々の生活に強く影響を与えるようになればなるほど、政治に関心をもち働きかけようとする出家者はむしろ増えるのではないかとさえ思う。政治僧の存在の是非ではなく、その存在と影響力を前提としながら、発言の内容や方向性について議論すべきなのかもしれない。

注

(1) なお、バガン美術の多くは上座部仏教にもとづくが、一部には大乗仏教やヒンドゥー教の要素もみられる。
(2) ただし、カリスマ僧のリーダーシップのもと各地に仏塔が建立されるなど、仏塔は世俗の領域だと割り切れない一面もある［土佐　二〇一五］。
(3) 公認九派以外の宗派創始の禁止については別途、法的に定められた（一九九〇年）。しかし、未公認の宗派的な組織はその後も確認できる（後述）。なお、何をもって「宗派」とみなすか、法的な基準は曖昧である。
(4) クンは石井［一九九八］と小島［二〇〇九］、パオは村上［二〇一五］、モンは和田［二〇一六］を参照。
(5) ミャンマー教育省　2016. "National Education Strategic Plan 2016-21" 〈http://planipolis.iiep.unesco.org/sites/planipolis/files/ressources/myanmar_nesp-english.pdf〉 p.100（二〇二一年三月一八日閲覧）。
(6) タイでは、出家者が普通教育を受けることのできる教学学校（中等教育）が全国に四〇八校あり、三万四二〇八名の学生が在籍している（二〇二〇年度）［タイ仏教庁仏教教育部普通教育課教学班　二〇二〇］。見習僧の大半がこの制度を使って普通教育を受けていると推測される。
(7) 在家児童の就学率（公教育）が上昇すれば、教育を受けるための出家は減少するかも知れない（その逆も然り）。なお、タイは小中学校（六年制＋三年制）の就学率がほぼ一〇〇％であるのに対し、ミャンマーでは小学校（五年制）の就学率が約八五％、中学校（四年制）が約六四％である［ＪＥＴＲＯ「教育事情　ミャンマーＢＯＰ層実態調査レポート」（二〇一六年一月）〈https://www.jetro.go.jp/ext_images/theme/bop/precedents/pdf/lifestyle_education_201601_mm.pdf〉（二〇二一年二月二七日閲覧）。

参考文献

生野善應
　一九九五「パゴダと寺院の相違」『ビルマ佛教——その実態と修行』大蔵出版、四四—五四頁。

石井米雄
一九九八「ビルマ連邦シャン州クン地域の仏教について」『パーリ学仏教文化学』一二号、一—一四頁。
伊野憲治
一九九八『ビルマ農民大反乱（一九三〇〜一九三二年）——反乱下の農民像』信山社。
藏本龍介
二〇一六「ミャンマーにおける宗教対立の行方——上座仏教僧の活動に注目して」『現代宗教』二〇一六：九九—一一七。
二〇二〇「仏教を結節点とした「つながり」とその変容」土佐桂子・田村克己編『転換期のミャンマーを生きる——「統制」と公共性の人類学』風響社、一四一—一六四頁。
小島敬裕
二〇〇九「現代ミャンマーにおける仏教の制度化と〈境域〉の実践」林行夫編著『〈境域〉の実践仏教——大陸部東南アジア地域と宗教のトポロジー』京都大学学術出版会、六七—一三〇頁。
髙谷紀夫
一九九三「ビルマ儀礼論の展開——祭祀空間としてのパゴダをめぐって」田辺繁治編『実践宗教の人類学——上座部仏教の世界』京都大学学術出版会、一〇二—一三一頁。
土佐桂子
二〇一五「布教としてのパゴダ建立と「仏教繁栄」事業——ミャンマーにおけるタータナー・ピュ実践」『東南アジア研究』五三巻一号、一三七—一六四頁。
根本　敬
二〇一四『物語 ビルマの歴史』中公新書。
パーリ学仏教文化学会・上座仏教事典編集委員会編
二〇一六『上座仏教事典』めこん。
平木光二
二〇一六「ウィラトゥ比丘と仏教団体「民族・宗教を保護する会」（マバタ：MaBaTha）の反イスラームキャンペーンについて」『パーリ学仏教文化学』三〇号、六五—八六頁。
増田知子
二〇一二「ミャンマー軍政の教育政策」工藤年博編『ミャンマー政治の実像——軍政二三年の功罪と新政権のゆくえ』アジ

ア経済研究所、二三五―二六九頁。

村上忠良
二〇一五 「「パオ仏教」の創出？――ビルマ連邦シャン州の民族と仏教の境界」『東南アジア研究』五三巻一号、四四―六七頁。

守屋友江編訳・根本敬解説
二〇一〇 『ビルマ仏教徒 民主化蜂起の背景と弾圧の記録――軍事政権下の非暴力抵抗』明石書店。

和田理寛
二〇一六 「一九八〇年代以降のミャンマーにおけるモン派僧伽の展開――教学と俗語をめぐる出家者の汎民族主義運動」『東南アジア――歴史と文化』四五号、四四―六八頁。

กลุ่มการศึกษาพระปริยัติธรรม แผนกสามัญศึกษา กองพุทธศาสนศึกษา สำนักงานพระพุทธศาสนาแห่งชาติ 〔タイ仏教庁仏教教育部普通教育課教学班〕
二〇二〇 "ข้อมูลการจัดการศึกษา โรงเรียนพระปริยัติธรรม แผนกสามัญศึกษา ปีการศึกษา ๒๕๖๓ (ครั้งที่ ๑)" 〔訳：二〇二〇年度（第一回）教学学校普通教育課の教育実施に関する資料〕〈https://deb.onab.go.th/th/content/page/index/id/6681〉（二〇二一年三月一八日閲覧）

Michael Aung-Thwin
1985 *Pagan: The Origins of Modern Burma*. University of Hawaii Press.

写真の出典：全て筆者撮影

第七章　中国雲南省徳宏州

小島敬裕

タイを事例とする上座部仏教徒社会に関する先行研究［石井　一九七五、一九九一］では、在家者と出家者の関係について以下のように説明されている。すなわち、正統的教理における上座部仏教とは、輪廻的世界から解脱《げだつ》し、涅槃に至ることを目指すものである。出家者は、その目的を実現するために戒律を厳守し、修行に専念する。上座部仏教徒社会では、托鉢によって生活することが戒律によって規定されており、出家者は必然的に在家者からの布施を必要とする。一方の在家者は、出家者への布施によって徳を積み、輪廻的世界における幸福の獲得を期待する。また上座部仏教の正統的教理にのっとれば、出家とは本来、難行を実践するエリートたちの修行形態である。それゆえ、出家者は必然的に少数化せざるを得ない。これに対し、在家者たちは「出家」を、本人のみならず、息子を出家させる両親、さらには協力する人々も多くの徳を積むことができる行為と位置づけた。それゆえ、新たな出家者は容易に補充されていく。このように出家者と在家者は共生的な関係にある。

この説明は、ミャンマーでの出家・生活経験からも、ある程度は納得できるものだった。しかし筆者が学部生時代に訪れた中国雲南省徳宏《ドゥーホン》タイ族ジンポー族自治州（以下、徳宏州）瑞麗《ルイリー》の上座部仏教寺院では、出家者数が少数にとどまっており、出家者の居住しない「無住寺」が多い。ではなぜ徳宏では出家者が少ないのか。また出家者が少数または存在しない状況下でどのように上座部仏教が成立しているのだろうか。こうした問題意識をもって、筆者は徳宏での調査を実施した。以下では、上記の問題を解明しつつ、最後に「行い」としての上座部仏教研究の目指す方向性について考察してみたい。

一　徳宏との関わり

徳宏州の瑞麗は、西南中国のミャンマー国境に面した町である。瑞麗の位置する高原上の盆地は、農村部の住民の多数を占める徳宏タイ族の言語でムン・マーウと呼ばれる。ムン・マーウ盆地は、中央部を流れる瑞麗江（ラム・マーウ）にほぼ沿った国境線によって、中国側の徳宏州瑞麗市とミャンマー側のシャン州ムーセー郡・ナンカン郡に分けられる。外国人が国境を越えるには手続きが必要だが、ムン・マーウの地域住民は瑞麗江の渡し船に乗って国境を行き交う（写真7―2）。

筆者が徳宏で上座部仏教の調査を行うことになったのは、中国文学科に所属していた学部の学生時代に、ミャンマー国境の街、瑞麗をバックパッカーとして訪れたことがきっかけである。雲南省中央部の高原地域から国境に向かうバスに乗ると、徐々に車窓の風景が中国から「東南アジア」のものへと変わっていく。その時の印象があまりに強烈だったため、瑞麗への旅を契機としてさらに東南アジア諸国を訪れ、中でも最も居心地の良かったミャンマーに「はまって」しまったのである。

大学卒業後はミャンマーで生活する方法を考え、日本での教員生活を経て、日本語教師としてヤンゴンに赴任した。ヤンゴンで生活しているうちに、人々に熱心に信仰されている上座部仏教に関心を持ち、多くの仏教徒男性が一時出家を経験するミャンマー人と同様、自分も出家を志すようになった。その後、ヤンゴン外国語大学に留学してビルマ語を学ぶ一方、長期休暇期間中に二度の一時出家を経験し、瞑想修行に専念した。第二章で記述した、この経験を契機として、筆者は上座部仏教徒社会研究を志すようになり、大学院に入学したのである。

修士課程においては、ミャンマーでの短期調査をもとに論文を執筆したが、当時は軍事政権下にあり、長期にわたる定着調査は困難な状況におかれていた。また偶然ではあるが、筆者はすでに中国語とビルマ語を習得していたため、中国・ミャンマーの国境地域に位置する徳宏で調査を行うには好都合だった。ただし、国境地域での調査は政治的に非常に敏感な部分があり、調査許可の取得まではかなりの時間と煩雑な手間を要した。幸い、国内外の大学関係者を始めとする多くの方々のご協力を得て調査許可を取得し、瑞麗郊外のタイ族農村で一年余りの長期定着調査が実現したのだった。

写真 7-1　正式の国境ゲート。ゲートを通るとミャンマー

写真 7-2　瑞麗江の渡し船。対岸はミャンマー

二　中国とミャンマーの狭間で

瑞麗市の人口は、現在では漢族が最多数を占めるが、盆地の底で稲作を営む農村部の人口はタイ族が圧倒的に多い。タイ族の村人の大部分は、母語の徳宏タイ語とともに、中国語を話すが、後述するように大躍進・文化大革命期間中、ミャンマー側に逃亡していた人やミャンマー側からの移住者はビルマ語も話す。こう

した複数の言語が飛び交う環境において、調査開始当初に悩まされたのは言語習得の問題である。人類学的な調査者としては、宗教的観念や考え方について内側から理解することを目指すため、まずはタイ族の母語である徳宏タイ語の習得から始めるのが基本であるが、筆者が下手な徳宏タイ語でコミュニケーションを取ろうとしても中国語やビルマ語で返されてしまうためである。ある日、ミャンマー側の寺院に居住する、タイ民族運動に主導的な役割を果たす僧と知り合いになり、「ヤツはタイ族の仏教を学びに来たのだから、（徳宏）タイ語を使え」と周囲の僧たちに指示してくれたおかげで、筆者は徳宏タイ語で会話してもらえるようになっていった。第六章でふれられたように、ミャンマーでは民族運動に出家者が深く関わっており、彼もその一員だったのである。ちなみに、徳宏タイ語は、タイ国のタイ語と同系統だが、使用される語彙や声調はかなり異なる。徳宏タイ語には中国語やビルマ語からの借用語が多いため、筆者にとっては好都合だった。

徳宏タイ族の自称は、タイ・マーウまたはタイ・ルーである。瑞麗で多数を占めるタイ・マーウは、上述した盆地名ムン・マーウにちなんでおり、「ムン・マーウのタイ族」といった意味である。一方、少数派ではあるが、タイ・ルーを自称する人々もいる。「ルー」は徳宏タイ語で「上方の」または「北方の」を意味し、同じ徳宏州でも瑞麗より北部の地域から移住した人々である。国境を越えたミャンマー側のシャン州でも、盆地の底の村落部に居住するのはタイ族が多数を占める。彼らも自称はタイ・マーウまたはタイ・ルーであり、ビルマ語ではシャンと呼ばれる。

漢族の多くは大乗仏教を信仰するが、徳宏タイ族は上座部仏教徒が大部分を占めている。各村落には、基本的に一つの寺院（ゾン）があり、二〇一五年現在、瑞麗市（畹町鎮を除く）全体で一一三存在する。トタン屋根、高床式の形状で、国境を越えたミャンマー側の上座部仏教の影響が強いことがわかる。寺院の入口には、漢字や徳宏タイ文字、さらにミャンマー側で使用されるシャン文字で寺院名が書かれる（口絵18参照）。内部の壁には中国政府による「宗教活動場所」の登録証が掲示されている他、出家者が居住する場合には、ビルマ文字で書かれたミャンマーの教理試験合格証が貼られていることが多い。徳宏の寺院に居住する出家者の約八割はシャン州の出身で、ミャンマー中央部の教学寺院で仏教教理を学習し、教理試験に合格した後、中国側に招請されているためである。寺院内の仏像は、大部分がミャンマー中央部またはシャン州の仏師が制作したもので、中にはタイ国製の仏像も見られる。寺院内に置かれる様々な仏典や仏教書は、徳宏タイ文字やシャン文字、ビルマ文字などで書かれたものである。

また、ムン・マーウが上座部仏教徒社会であることを印象づけるのは、仏塔（コンムー）の存在である。瑞麗市内には二〇一五年現在、八箇所に仏塔が建立されているが、いずれも上座部仏教徒社会の形態との類似性が見られる。徳宏タイ語のコンムーは、「善行」を意味するビルマ語のカウンフムーに由来する。筆者が二〇〇六年から二〇〇七年にかけて一年以上、定着調査を行ったT村には、ムン・マーウ盆地を代表する仏塔のうちの一つであるコンムー・ホーマーウが存在する。ホーは「頭」、マーウは「ムン・マーウ」を意味し、盆地全体を守護する存在と位置づけられている。仏塔は、村外れの小高い丘の上に建てられているのに対し、T村の寺院は丘の下に位置し、仏塔とは隔てられている。

第六章ミャンマーでもふれられたように、仏塔と寺院の関係は、上座部仏教徒社会における地域差が見られる。北タイにおいて仏塔は、境内の建築物の一つとして空間的・機能的に寺院と隣接する。これに対し、ミャンマーでは仏塔と僧院を空間的・機能的に分離し、仏塔は在家者の仏教実践の場、僧院(1)は出家者の修行の場、と位置づけられる［Sadler 1970］。現実にはこのパターンが必ずしも全てにあてはまる訳ではないが、こうした傾向が見られることは確かである。このサドラーの分類によれば、T村の仏塔と寺院の関係は「ミャンマー型」ということになる。しかしながら、徳宏の場合、すべての村落が同様のパターンであるとは限らず、仏塔と寺院が境内に併設されている「タイ型」のケースもある。では徳宏において、なぜ「ミャンマー型」と「タイ型」の混在が見られるのだろうか。この問題の解明は、史料の欠如もあり、将来の課題として残されているが、ここで指摘しておきたいのは、徳宏への仏教流入の歴史的経緯である。徳宏ではタイ北部やミャンマー中央部から様々な実践形態をもつ宗派（クン）が波状的に流入した。それに対し、土着の政治権力者（ザウファー）たちは複数の宗派の併存を認めてきたことが、実践の多様性が維持されてきた要因の一つだと考えられる。

三　出家者のいない寺院

徳宏州の大部分の村落には、寺院が一つずつ建立されている。寺院でも観光客の訪れるようなところには数名の出家者が居住しているが、筆者が二〇一五年に瑞麗市内で行った調査では、一二二の仏教関係施設（仏塔・寺院・仏足跡）のうち、一〇二施設に出家者が居住せず、約八四％が「無住寺」である。筆者が長期定着調査を行ったT村の寺院にも出家者は一人もおらず、村から招請された三名の女性修行者（ラーイハーウ）が寺院境内の建物に居住して管理を行っていた。この女性修行者も多くはミャンマー側の出身であり、ビルマ語ではティーラシンと呼ばれる。ラーイハーウは、剃髪し、世俗を離れた修行生活を送るが、正式な出家者である比丘尼《びくに》ではなく、八戒または九戒を守る在家者として位置づけられている。ラーイハーウに対しては、村人の中でもとりわけ女性が定期的に布施しており、それによって修行生活が営まれている（口絵17参照）。

先述したように、徳宏の仏教実践の最大の特徴は、上座部仏教徒社会の他地域と比較して出家者が非常に少ないことである（本書第一章の表1―2）。石井［一九七五、一九九一］らによる従来の上座部仏教徒社会のモデルは、タイの事例をもとに構築されたものだが、上座部仏教徒社会に広く適用できると石井は主張する。石井は、出家は在家者にとっては、徳を積むための重要な行いであるとするが、徳宏の寺院においては出家者が少数にとどまっている。この現実をどのように理解すれば良いのだろうか。以下、そのような宗教的環境が形成された要因を検討してみよう。

表 7-1　徳宏州における寺院数および出家者数の推移

	寺院	僧（比丘）	1 寺院あたり比丘数	見習僧（沙弥）	1 寺院あたり沙弥数	女性修行者	1 寺院あたり女性修行者
1956 年（大躍進前）	632	236	0.4	139	0.2	137	0.2
1966 年（文革前）	644	171	0.3	120	0.2	47	0.1
1985 年（文革後）	445	42	0.1	44	0.1	41	0.1
1989 年	551	54	0.1	143	0.3	39	0.1
2007 年	602	90	0.1	101	0.2	41	0.1

出典：小島［2014：71］

1　徳宏において出家者が少数にとどまる背景

出家者が少ないことの背景について、中国語文献では、政策の影響が指摘されている。中でも大躍進[2]（一九五八～一九六〇年）、文化大革命[3]（一九六六～一九七六年、以下「文革」）期には、社会主義路線の急進化によって出家者数は大幅に減少した。まず大躍進期に、在家者は共同作業に追われて寄進も困難な状態となり、修行生活を継続できなくなった出家者の多くは、ミャンマー側に逃亡するか、還俗せざるを得なくなった。大躍進が失敗に終わると、一時的に宗教実践は回復したが、再び危機に直面したのは、文革が開始されてからのことである。紅衛兵によって寺院や仏像、仏塔は破壊され、仏典は焼却、生産活動に従事しない出家者や女性修行者は批判の対象となった。そのため、出家者や女性修行者は再び、ミャンマー側に逃亡するか還俗せざるを得ない状況に追い込まれた。国境から一〇〇キロほど離れた芒市《マンシー》の寺院では、批判を恐れた女性修行者が集団自殺したという記録も残されている。文革後の一九八〇年代以降、仏教実践は復興を開始したが、中国では一九七九年より一人っ子政策、一九八六年からは九年制義務教育を実施したため、親も男子を学校へ通わせるようになり、出家者は減少したのだと説明する。

もちろん、大躍進や文革は、出家者数を抑制する大きな要因となった。しかし、出家者数の少なさを政策のみによって説明することは難しい。まず第一章の表1―2で、同じ中国国内に位置している雲南省西双版納《シーサンパンナ》と比較してみよう。すると、西双版納でも徳宏と同様の社会主義の急進化を経験し、一人っ子政策、義務教育などの政策の網がかけられたにもかかわらず、二〇〇七年現在では徳宏と比較すれば多くの出家者が存在していることがわかる。

次に、これらの政策が実施される前には出家者数が多かったのか、という疑問が挙げられる。この点について検討するために、徳宏州における上座部仏教寺院数、出家者数の推移を示した表7―1をご覧いただきたい。ここからもわかるように、大躍進・文革以前は現在と比較すれば出家者数が多かったが、僧、見習僧の人数はそれぞれ一寺院平均で一人に満たず、上座部仏教徒社会の他地域と比較すると、当時から出家者数は少なかったことがわかる。実際、一九三〇年代後半に徳宏で調査を行った江応樑は、当時、出家するのは、「A　父母が早死にして保護者を失う、B　父母の家庭が貧しく子供を養う金銭がない、C　占いによって見習僧になるべきだとされる」といった条件におかれた子供のみであったと述べている［江　二〇〇三］。筆者が定着調査を行ったT村の寺院には、大躍進・文革前には出家者が居住していたのだが、幼少期を過ごした老人たちに話をきいても、当時の出家経験があるのはわずか三名のみだった。筆者がT村に居住していた当時、T村には二一八世帯の比較的大規模の集落であり、各世帯には大抵、一人は男性老人がいるが、彼らの大部分は出家経験を持たない。

ではなぜ徳宏においては出家者が少ないのだろうか。大躍進・文革以前に見習僧として出家していたM寺院の住職は、「現在と比較すれば出家者は多かったが、僧が居住する寺院と居住しない寺院があったという意味では同じである。住職の還俗や死去によって出家者がいなくなれば無住寺になった」と証言する。また上座部仏教徒社会の他地域における男子の一時出家の慣行については、「強制的に男子を出家させるのはおかしい。ムン・マーウでは昔から、出家したいものだけが出家すれば良いという考え方である」と説明する。たしかに仏典では、出家生活のほうが厳しい修行に専念しやすいと述べられている。しかし、教理においても出家は義務づけられているわけではない。本章の冒頭で述べたように、サンガに布施したり、自らが出家するといった行為を、最も高い徳が得られるものと位置づけるのは、あくまでタイの事例に基づくモデルである。一方の徳宏において、出家が最も重要な積徳行だとの認識は共有されていないのである。

2　出家者の居住を必要としない村落

次に、村落の側は、タイでは在家者の積徳行にとって不可欠な存在とされる出家者を、なぜ村の寺院に招請しないのだろうか。もちろん中国側の寺院には出家者が少ないという事情があるが、瑞麗市の仏教協会や民族宗教事務局への手続きをふめば、出家者の比較的多いミャンマー側から招請することは可能なのである。筆者が調査を行ったT村の場合、大躍進・文革期に住職がミャンマー側へ逃亡し、出家者不在の状況が生じた後、一九八〇年代に宗教実践を再開した。まず、戒律を厳守する老人ヒン・ラーイたちは、破壊された仏塔の下から破壊を免れた仏像を掘り出し、仮の建物に祀った。儀礼や仏典を唱える際に重要な役割を果たしたのは、後述するようにホールーと呼ばれる在家の仏教儀礼専門家である。その後、一九八三年には仏塔、八四年には寺院が再建され、徐々に仏教実践は復興していったが、村人たちは住職を招請しなかった。

その理由について、T村の住民であるS氏（男性、六八歳）は、以下のように説明する。まずT村の元住職は、ミャンマー側の出身地に逃亡した後、死去していた。また、「仏教に熱心な老人の中には、毎日の布施を負担してでも僧を招請すべきだと考える人もいる。だが村長を含む若い世代は文革前後に生まれたため、仏教のことを知らず、僧の世話も面倒だと考えるのだ」という。一九六六年の文革の開始から、八三年に仏塔が再建されるまで、仏教実践が約一七年間、断絶したことは大きな要因だろう。

また徳宏州民族宗教事務局は、近年、徳宏州内の寺院の住職が相次いで還俗し、中には多額の布施の金品を持って還俗してしまう住職もいるため、僧に対する信頼が失われていることを指摘する。こうした現象が存在することは確かである。筆者が長期定着調査を行ったT村の隣村では、調査当時、住職と数名の見習僧が居住していた。だが、住職が還俗し、在家女性と結婚するという事例が相次ぐうちに、村人の側でも住職を招請することに対する熱意が薄れ、二〇一五年以降は無住寺化している。

こうした要因が挙げられる一方で、本質的に、「仏教徒であれば僧よりもまず仏（パーラー）を大切にすべきである。僧も仏弟子に過ぎない。仏に毎日、供え物をしていれば僧が寺院に居住していなくても良い」と説明する村人（男性、五九歳）もいる。では、こうした状況において形成される仏教実践とはいかなるものだろうか。そして在家者たちは、出家者が村落の寺院には「不在」の状態において、どのように功徳（クーソー）を積んでいるのだろうか。以下、T村での調査に基づき、その実態について簡単に紹介しておこう。

四　在家者中心の仏教実践

まず仏教実践が営まれる「場」から概観しよう。上述したように、T村にはムン・マーウを代表する仏塔コンムー・ホーマーウが存在する（写真7—3）。これは仏が前世において熊であった時代の仏舎利を納めており、盆地全体を守護（クム）する存在とみなされている。春節明けの四月祭[4]、雨安居明けの二十三日祭[5]には盆地全体から多くの参拝客が訪れる。こうした大規模の祭礼においては、複数の寺院から出家者も招かれ、寄進を受けるとともに在家者に対して説法する。次に、寺院には仏像（写真7—4）が置かれ、これは村を守護する存在とみなされている。村落全体の集合儀礼は、寺院で行われる。そして個人宅には「仏法棚（セン・ターラー）」の中に仏教書（写真7—5）が置かれる。上座部仏教徒社会の他地域において、仏教徒宅には仏像が置かれることが多いが、徳宏の仏像は寺院内に置く。なぜなら「在家者は忙しいため、家の中では仏像に供え物をするのがおろそかになってしまう」、あるいは「家

写真 7-3　盆地全体を守護する仏塔

写真 7-4　村落を守護する仏像

の中では性行為が行われるため、仏像は置けない」などと村人は説明する。また「仏の言葉」を記した仏教書は、その家を守護する役割を果たす。このように、仏塔、仏像、仏教書など仏にまつわる「聖遺物」が、在家者の日常的な仏教実践においては重視されており、それらが人々を守護するという観念が共有されている。

　次に、仏教実践の担い手について見てみよう。まず盆地全体の儀礼で布施を行う際、代表の役割を担うのはホールーと呼ばれる男性である（写真7―6）。ホーは徳宏タイ語で「頭」、ルーはビルマ語からの借用語で「布施」を意味する。つまり、「布施の代表者」といった意味であり、在家者が儀礼で寄進する際に経を唱える役割を果たす。また雨安居期間中の持戒日や水かけ祭り、カティナ衣奉献祭などの重要な年中儀礼を寺院で行う際や、葬式・新築式などを個人宅で行う際に、ホールーは仏教書を独特の節回しによって朗唱する。そのためホールーには、識字力とともに声が良いことが求められており、その条件を満たしている限り、年齢層も二〇歳前後から老人まで幅広い。ホールーが朗唱する仏教書の多くは、ビルマ文字で書かれたパーリ語仏典の一節を引き、続けてその内容に関わる物語や教訓話などを徳宏タイ語の韻文形式で記したものである（口絵16参照）。仏教書を創作するのはホールー、またはモーリックという仏教書創作を専門とする在家者である。中には出家者が創作した仏教書もあるが、出家者は朗唱しない。これは、節をつ

写真 7-6　ホールーの朗唱を寺院内で聴くヒン・ラーイ

写真 7-5　家を守護する仏教書

けて朗唱することが、歌舞音曲を遠ざける戒に触れるためだと説明される。

大規模な年中儀礼の際には、多くの村人が寺院へホールーによる仏教書の朗唱を聴きに訪れるが、その中心は、上述したヒン（男性老人）・ラーイ（女性老人）たちである。ヒン・ラーイは雨安居期間中の持戒日ごとに寺院で宿泊する。(6) なぜなら、在家者は持戒日には八戒の遵守が理想とされているためである。八戒の中には、「午後に食事をしない」、「歌舞などの娯楽にふけらず、装身具、香水などを用いない」、または「高くて大きい寝台を用いない」といった項目が含まれており、自宅で厳守することは難しい。そのため、ヒン・ラーイたちは持戒日に寺に籠もって八戒を守り、さらに数珠を繰りながら瞑想したり、ホールーによる仏教書の朗唱を聴いて過ごす。ヒン・ラーイたちは、死を目前にして可能な限り積徳行に励み、来世でのより良い生まれ変わりを目指す。

このように徳宏の日常的な仏教実践は、在家者と仏との直接的な関係を中心に成立している。中でもホールーは、在家者の仏教実践において、非常に重要な役割を果たしているのである。積徳行の中でも、最も高く評価されている行為は、ポイ・パーラーと呼ばれる仏像奉納祭の主催である（口絵15参照）。ポイ・パーラーでは仏像の購入費用のみならず、客人にふるまう食事代もかかるため、主催者は多額の出資を必要とする。それゆえ、主催者は大きな功徳が得られるばかりでなく、儀礼への貢献の度合いに応じて親族も仏弟子名（ズーパーカー）を授けられ、日常的にも幼名の前につけて呼ばれるようになる。これは徳宏の仏教徒にとって非常に名誉なことであり、村の中でも有徳の人とみなされるようになる。ここからも、仏との直接的な関係に基づく積徳行が、T村では最も重視されていることがわかる。

五　上座部仏教と社会に関する今後の研究

以上、見てきたように、徳宏の仏教実践のあり方は、タイの事例に基づく議論とは異なるパターンを示している。では、上座部仏教徒社会研究を進める上で、徳宏の実践はどうとらえられるのだろうか。筆者が徳宏の仏教について学会や研究会で発表を行うと、それは上座部仏教徒社会モデルから逸脱した例外だと片付けられることがある。フィールドにおいても、ミャンマー中央部で徳宏の仏教のあり方について筆者が説明すると、それは上座部仏教ではなく大乗仏教だと言われたり、「レベルが低い」仏教だといった受け止められ方をされることが多い。またムン・マーウ盆地のミャンマー側には、スリランカ留学経験のあるエリート僧がおり、彼から徳宏の仏教実践は「間違っている」という言葉を聞いたこともある。上座部仏教徒社会の研究にとって重要なのは、こうした外からの見方を鵜呑みにして実践を価値づけることではない。むしろ、自らの仏教を「劣った」あるいは「間違った」ものとはみなさず、日々の実践を営み続けるタイ族の村人たちに寄り添う姿勢が必要である。そして、地域に根づく多様な実践のあり方を掬い上げることにより、従来の上座部仏教徒社会モデルをバージョンアップしていかねばならない。

戦後、上座部仏教と社会について扱った研究では、冷戦状況下でタイ以外の地域での調査が困難だったこともあり、タイの事例を中心にモデルが構築されてきた。しかし冷戦が終結した一九九〇年代以降、タイ以外の地域における仏教実践の実態が明らかにされ、従来のモデルを相対化しつつあるが、未解明の部分は多い。徳宏の仏教実践は、今までの研究者によって構築されてきた見方を再考し、さらに発展させていく契機となるさまざまな事例を提供している。

注

（1）「僧院」については本書第二章を参照。
（2）毛沢東の主導のもとに行われた農業と工業の大増産運動。
（3）毛沢東が提唱した政治運動。運動に加わった「紅衛兵」を名乗る少年たちが、富裕層や聖職者、知識人らを攻撃し、文化財を破壊した。
（4）タイ暦四月の満月に行われる祭り。徳宏タイ語でポイ（祭り）・ルン（月）シー（四）という。ミャンマーで同時期に開催されるダバウン月の祭りに倣ったもの。
（5）雨安居明けの最初の持戒日であるタイ暦一一月二三日に行われる祭り。徳宏タイ語でポイ（祭り）・サーウサーム（二十三日）という。四月祭とともに勐卯鎮全体の祭礼としてペットハム仏塔を中心に開催される。
（6）月二回の持戒日に宿泊するか、四回の持戒日に宿泊するかは村によって異なる。T村の場合、二〇〇七年まで月四回、宿泊していたが、町で働く若者たちが増加し、彼らに負担をかけるのは良くないという理由で、二〇〇八年からは月二回に変更している。

参考文献

石井米雄
　一九七五　『上座部仏教の政治社会学――国教の構造』創文社。
　一九九一　『タイ仏教入門』めこん。
江応樑
　二〇〇三　『滇西擺夷之現実生活』潞西：徳宏民族出版社。

小島敬裕
二〇一四　『国境と仏教実践――中国・ミャンマー境域における上座仏教徒社会の民族誌』京都大学学術出版会。

Sadler, A. W.
1970　Pagoda and Monastery: Reflection on the Social Morphology of Burmese Buddhism. *Journal of Asian and African Studies* 5(4): 282-293.

第八章　ベトナム南部メコンデルタ

下條尚志

はじめに

南北に細長いベトナムは、かつてそこを植民地支配したフランスの著名な人文地理学者に「世界で最もまとまりの悪い領土」［グルー　二〇一四：七―八］と形容された。支配者側にいた研究者にとってベトナムは、それほどに地域差が著しく、文化や社会を総合的に捉えることが難しかったのだろう。事実、この国は今やASEAN（東南アジア諸国連合）の加盟国ではあるが、東アジア世界の一員ともいわれる。というのも、ベトナムの歴代王朝は、その長い歴史のなかで、中華世界から大乗仏教や儒教、道教など多くの思想や文化を受容してきたからだ。ミャンマーやタイ、ラオス、カンボジアが、パーリ語やサンスクリット語を通じて、上座部仏教を含む多様な思想をインド世界から吸収してきたように、ベトナムの諸王朝は、日本や朝鮮半島と同じく、漢字を媒介して中国からその世界観を取り込んできた(1)。

とはいえ、日本列島でも、東北やアイヌ、九州や琉球が、近畿や関東の政権とはかなり様相の異なる文化や歴史を築いてきたように、南北に細長いベトナムの領域には、元々いくつかの国家や政治勢力が存在し、様々な人々が暮らしてきた。歴代王朝の首都だった北部ハノイや北中部フエから遠く離れた地域にはベトナムの王朝の支配が及んでおらず、たとえば中部にはマレー系の人々が建てたチャンパという国家群、南部はクメール（カンボジア）の王朝の勢力下に置かれたこともあった。中国沿岸部からそこへジャンク船ではるばるやってきた人々も、現地の人々と活発に交易を行ったり独自の政治勢力を築いたりした。こうした多様な政体や人々が混在する領域は、ベトナムの歴代王朝が数世紀にもわたって北部紅河デルタから南方へ拡張する過程で、次第に縮まっていったと通説的には考えられている。事実、二〇一九年のベトナム人口統計［Tổng cục Thống kê 2020］によると、最も南に位置するメコンデルタにおいて、人口の約九二％、およそ一六〇〇万人をマジョリティのベト人（キン人ともいう、ベトナム全体では八二〇九万人）が占め、他方で人口の約七％、およそ一一四万人はクメール人（ベトナム全体では一三二万人）だ。

メコンデルタのクメール人は、主にメコン河支流バサック河の下流域に位置するソクチャン省とチャヴィン省、そしてカンボジア国境地域周辺に暮らしており、その大多数が上座部仏教徒である。南部の大都市ホーチミン市から自動車で南西のメコンデルタの方へしばらく移動すると、メコン河、さらにバサック河を渡ったあたりから、時折、美しいレリーフの刻まれた壁に囲まれ、背の高い木々に覆われた広大な敷地、そしてそこからそびえる上座部仏教寺院の戒壇の尖塔が目につくようになる。その周辺にはたいてい、クメール語を話す人々が暮らす。ベトナムのなかでマイノリティのクメール人は、カンボジアのマジョリティであるクメール人と文化や言語を同じくする人々であると、一般的に考えられている。それゆえ、主にメコンデルタに暮らすクメール人の帰属と居住地、そしてこれらと密接に結びついた上座部仏教は、たびたび両国間の政争の火種となってきた。

本章では、ベトナムという地域環境のなかで、マイノリティ宗教として上座部仏教が、どのように形成されてきたのかを述べていく。この問題を考える上で、仏教と言語の「正しさ」をめぐり、上座部仏教徒たちが絶えず葛藤してきたことが、重要な手がかりとなる。これまでの各章でも述べられてきたように、他地域の上座部仏教圏では、特に一九世紀以降、国家が上座部仏教の組織や制度の改革にたびたび介入してきた。その際に推進されてきたのが、共通のパーリ語で記述されている仏典の内容を、出家者がそれぞれの国語で「正しく」翻訳・理解することであった。だから上座部仏教の改革は、地域差はあるものの、多かれ少なかれ、国家や国語の問題と結びついていた。後述するように、メコンデルタの上座部仏教は、ベトナム、カンボジアという二つの国家の狭間で複雑な経緯をたどってきたことに、その特徴がある。

一 「正しい」クメールとは何か?

たとえば日本では、地方から上京したばかりの人の話す言葉を聞いて、「間違っている」とあざ笑う人がいる。笑われた当の本人は、それを「恥ずかしい」と感じ、東京の言葉に合わせようとすることが往々にしてある。なぜなら、彼/彼女自身、東京の言葉が、「正しい」日本語であり標準語だと考えるからだ。言語のみならず、日本の大乗仏教でも、浄土真宗の僧侶は、他宗派の仏壇には位牌が祀られているがそれは「誤り」で、位牌を撤去し、過去帳とよばれる故人の名を記した帳簿を置くべきと在家者に指導する。読経の仕方も、救済のための実践も、宗派や地域によって「正しさ」のあり方に違いがある。「正しさ」の基準は、高名な僧の教えであったり有名な寺院の実践のあり方であったり、あるいは典拠とする仏典にあるなど、解釈が数多く存在するものの、当事者は何が「正しく」て何が「間違っている」かを区別する。

これと似たようなことが、メコンデルタの上座部仏教徒の間でも起こってきた。ただし、「正しさ」の基準が国境を越えていることが、この問題をややこしくしてきた。二〇一〇年末以来、私はメコンデルタのソクチャン(クメール語でスロック・クレアン)省の村落において、調査を続けてきた。調査を開始してまもない頃、日本から持参したカンボジア（クメール）語教科書で学んだ発音で、私が村人に話しかけると、かれらは、ほう、と少し感心したような表情を浮かべ、「プノンペンのクメール語だね」とよく言ったものだった。私にクメール語を教えてくれていたある男性は、公立学校でクメール語の教員をしていたが、私との会話のなかで、ベトナムのクメール語教育が、カンボジアの「標準語」を基準にしているのだと強調した。この教員に紹介してもらい、ソクチャン省教育局でクメール語教育に携わるある幹部と面会すると、この幹部は、ベトナムのクメール人が「言葉にベトナム語が混じっているため、カンボジアではクメール人とみなされない」と悲観的な表情を浮かべて語った。調査村で言語に関する話題を振ると、クメール文字の知識がある村人のなかには「ここのクメール人のほとんどはクメール文字が読めない」と嘆く者がいた。

なぜ、かれらはこのように語るのだろうか。かれらの「正しさ」の基準は、それぞれ微妙に異なっており、決して統一されてはいないものの、どうもかれらは、カンボジアの方角を向いて基準を合わせようとしているように思われる。読者のなかには、かれらが民族的にクメール人なのだから、クメール人がマジョリティのカンボジアや首都プノンペンの言葉に基準を合わせるのは当然ではないかと考える方もいるかもしれない。しかし、日本でさえ、地方出身者が自身の言語を「恥ずかしい」と感じるようになったのは、せいぜい二〇世紀になってからである。たとえば、琉球処分によって国民国家日本に編入された沖縄では、近代学校教育の普及によって、二〇世紀初頭には児童たちの間で沖縄の言葉の使用を恥じる意識が広まりつつあったという［小熊　一九九八：四九］。

興味深いことに、クメール文字と言語教育の必要性を訴えた前述の人々は、みな上座部仏教寺院で出家経験がある者たちだ。私の調査村は、統計上クメール人口が七九％を占めたため（二〇一一年時点）、政府の少数民族政策の対象となり、小中学校で、クメール語の読み書きの授業が週に四時限程度実施されていた。とはいえ、その教育内容は質・量ともに十分とは言えず、クメール語の読み書きを本格的に学ぶには寺院で出家するか、僧侶や出家経験者などから学ぶほかなかった（写真8―1）。つまり、地域の寺院が事実上、クメール語教育を担う寺子屋的な役割を果たしてきた。寺院で使用される仏典や仏教の解説書は、クメール文字で記されている。そうした書籍から仏教を学んだ僧侶や出家経験者が、教師としてクメール文字を人々に教える。だから、クメール文字を学ぶということは、単に自分たちの話す言葉の読み書きを習うことにとどまらず、上座部仏教を学ぶことにつながる。

クメール語の抽象概念に関する言葉には、パーリ語、サンスクリット語を起源とする語彙が多数含まれる。クメール語の正書法の特徴は、後述するようにパーリ語で書かれた仏典の理解が重視された経緯があり、語源がたどれるように話し言葉では発音しない表記まで文字に残されていることだ。たとえば、「仏陀」という言葉は、現代クメール語では「プット」と発音する。それだけを表音するのであれば文字は“ពុទ”までで十分だが、パーリ語的な読み方の「プッテァ」とも発音できるよう、正書法では“ពុទ្ធ”とやや複雑に表記する。

写真 8-1　子供たちにクメール文字を教える出家経験者（ソクチャン省にて、筆者撮影）。

調査村で僧侶や出家経験者が使用していた仏教の解説書の多くは、ポル・ポト政権以前にカンボジアの首都プノンペンにある仏教研究所で出版された書籍か、そのリプリント版だった。三章で述べられたように、ポル・ポト政権はカンボジアの仏教を徹底的に破壊したが、同政権よりも前の時代に、メコンデルタの上座部仏教徒は、カンボジアから、クメール文字で記述された様々な仏教関連書籍を輸入していた。現在でも、僧侶や仏教儀礼の専門家アチャー（第三章参照）は、そこに記述されている内容を参照して仏教の理解を深め、儀礼の際に読経や説法をする。持戒日《じかいび》に寺院に集まってくる在家者の多くは、クメール語を日常的に使ってはいるが、前述の出家経験者たちが指摘するように、クメール文字を読めない人がほとんどだ。つまり、かれらは書物ではなく、日常生活のなかで行われる様々な儀礼の機会を通じて、僧侶やアチャーが唱える経や説法を繰り返し傾聴し、復誦《ふくしょう》することで、仏教を理解し、実践している。

では、上座部仏教寺院に集まってくる人々は、どのような背景を持っているのだろうか。前述したように、ベトナム南部は、元々様々な人々が混在してきた地域であり、複数の言語を話せる人も少なくない。調査村では、上座部仏教寺院の周辺に暮らすのは、必ずしも自らをクメール人と名乗る人ばかりでなくベト人や華人、そして何より統計では計り知れない無数の「混血」（ベトナム語では「ラーイ」、クメール語で「カット」という）を自認する人々であった。たとえば、調査村の富裕層のなかには、寺への経済援助を頻繁に行い、寺の建設や修繕、催し物などに関する相談役も務める「ニョーム・ヴォアット（寺の庇護者）」と呼ばれる役職者が各寺院にそれぞれ一～二人いたが、その全員が「華人とクメール人の混血」を自認する人々だった。このように複数の民族的ルーツを持つ人々も、上座部仏教寺院の経営に積極的に関与していた。こうした人々のなかには日常的にクメール語を話し、持戒日などに上座部仏教寺院に通う一方で、近隣の大乗仏教寺院や中国廟に訪問して布施をしたり清掃作業などをしに行ったりする者もおり、その際はベトナム語で会話することもあった。このような多民族・多言語・多信仰状況は、地域社会のなかで問題視されることなく、広く当たり前のこととして受け入れられてきた。

精米所や小売店が集まる市場周辺では、現在ではほとんど使われないが、かつては潮州語や広東語（ともに中国広東省で使用される諸語）が、中国からの移住者が特に増加した仏領期に広く使用されていたようだ。二〇世紀半ば以降に国民国家ベトナムが誕生すると、学校や役所でベトナム語が公用語として使われるようになった。かれらが日常的に用いるクメール語は、周辺言語に強く影響を受けており、カンボジアの学校教育で使用されるクメール語と異なる部分が多い。人によって話し言葉にかなりのヴァリエーションが見られるものの、たとえば誰かが「学校に行く」と述べる際、カンボジアのプノンペンでは「トウ（行く）・サラー（学校）」となるところが、調査村では「トウ」

の発音が少し変わり、また「学校」という単語がベトナム語南部方言に転換されて「タウ（行く）・チューン・ホック（学校）」となることもあった。

このように様々なものが混ざりあった状況だと、読者のなかには、クメール語もクメール系上座部仏教も、ひいてはクメール人というアイデンティティもやがて失われていくと考える方もいるかもしれない。実際、ソクチャン省でクメール語教育の必要性を訴える人々も、カンボジアを基準にして自分達がそこから逸脱していると考えるから、カンボジアと同じでなければならないと考えるのだろう。しかし、このような見方で捉えられるほど、実情は単純ではない。むしろ、「正しさ」の基準が二〇世紀以降にメコンデルタに流入することにより、かれらは、自分たちの上座部仏教やクメール語をその基準に合わせなければいけないと考えるようになった。

二　メコンデルタにおける上座部仏教とクメールの歴史

1　ウォーター・フロンティア

では、二〇世紀よりも前の時代、上座部仏教やクメールという存在はどのような状況であったのだろうか。考古学的、歴史学的に裏付けられたわけではないが、ソクチャンの上座部仏教寺院には、最も古くて一三世紀、他にも一五～一六世紀に建立されたと伝わる寺院がいくつかある。年代を特定することは難しいものの、古いクメール文字で記された貝葉《ばいよう》（ヤシ科の植物の葉に仏典の内容などを刻んだもの）の束が保管されている寺院もある。周辺には、時々写真のような踊り子像やヴィシュヌ神像、仏像など、インド世界の影響を受けたと思われる、考古学的遺物が出土している（写真8―2）。出土をきっかけに建立されたと伝承される寺院や廟もある。こうしたことが、クメール人が様々な諸民族のなかでも特に古くからメコンデルタに暮らしていたことの根拠としてよく挙げられるが、こうし

写真 8-2　寺院周辺から出土した考古学的遺物。戒壇のなかに安置されている（ソクチャン省にて、筆者撮影）。

写真 8-3　調査村一帯が「大昔海だった」ことを示す壁画が描かれた土地神廟。船でやってきた二人の男女が小高い砂丘地帯（調査村周辺）に上陸した時の様子を描いたとされる（ソクチャン省にて、筆者撮影）。

た考古学遺物をつくった時代の人々が、はたして自分たちのことを日常的にクメール人と名乗っていたのかどうか、日常的に何語で会話していたのか、そしてかれらの仏教を「クメール系上座部仏教」と認識していたかどうかなどは、学術的にはよくわかっていないことが多い。とはいえ、メコンデルタがベトナムの直接支配下に置かれるよりも前の時代に、クメール文字を用いる人々が暮らし、仏教が存在していたことは間違いないと思われる。

　ただし、メコンデルタという地域にもともと唯一クメールという民族や国家しか存在していなかったと断じるのは、不正確である。なぜなら、その地域環境と歴史を考えると、メコンデルタは、国家の力が及びにくい地域であったと考えられるからだ。調査村一帯は、「大昔海だった」という伝承があり、海上に浮かぶいくつかの微妙に小高い砂丘地帯に人間が上陸して住み着き、寺院や廟を建立したと言われている（写真8―3）。メコンデルタの大部分は、一九世紀後半の植民地化以降に運河整備が進んだが、それ以前、海水や河川の浸食によって浸水しやすい土地だった。そのことを考えれば、「大昔海だった」という説明はあながち誤りとは言えない。歴史家リ・タナは、中国沿岸部からメコンデルタのメコン河とバサック河流域、タイ（シャム）湾沿岸地域にかけて広がる空間を「ウォーター・フロンティア（水辺の辺境）」と形容し、一八世紀後半のソクチャン省一帯をその一部であったと述べる。その説によれば、ソクチャンは、ベトナム、クメール、タイ（一九三九年以前の国名はシャム）それぞれの王権、土着のクメールの支配者など、複数の政治勢力が抗争しつつ、いずれも十分に支配を及ぼせない地域だった。この時代、中国からジャンク船でやってきた商人がソクチャンに中継貿易地を築き、中国沿岸部からマレー半島、タイ南部、カンボジアの各都市を結ぶ交易をおこなっていたという［Li 2005: 147-152］。当時の商人たちと、ソクチャンの仏教寺院の周囲に暮らす人々との間で、どのような言語で会話がなされていたのかは、想像力をかきたてるが、謎に包まれたままだ。一九〇四年に出版された仏領期の地誌からは、おそらくクメール文字の知識がある古老や僧侶から聞き取ったと思われる一九世紀に関する記述が散見される。それによると一九世紀前半頃のソクチャンでは、ベトナム阮《グエン》朝の支配が強まりつつも、マレー人やマラバル（インドの地名）人の海賊、また「華人とクメール人の混血」の反乱指導者が活動していた［Société des Études Indo-Chinoises 1904: 63-66］。断片的な史料からの推測ではあるが、この地域一帯は一九世紀以前、国家の力が限定的であり、様々な背景を持った人々が行き交い、混住や通婚が進んでいたと考えられる。

2　近代メコンデルタの上座部仏教

一九世紀以前のメコンデルタが述べてきたような状況だったとすると、メコンデルタの上座部仏教と、カンボジアの上座部仏教との結びつきが進展していったのはいつ頃からなのだろうか。確認できるかぎり、両地域間の仏教の結びつきが大きく変化し始めたのは、仏領期の二〇世紀前半にカンボジアで上座部仏教の改革とクメール語教育の改革がほぼ同時期に進められ、その影響を受けたメコンデルタで仏教やクメール語の「正しさ」が問われるようになってからである。

一九世紀後半、フランスは、ベトナム、カンボジア、ラオスを植民地とし、仏領インドシナとして統合した。当時のカンボジア仏教界はタイ仏教の影響を受け、タイに留学する僧侶がいた。植民地政府は、カンボジアにおいてタイ仏教の影響を断つために、一九〇〇年代から僧籍証交付による僧侶の移動管理、パーリ語学校設立、クメール語訳を付した三蔵の編纂・刊行事業などを進めた。編纂事業の中心的人物は、チュオン・ナートとフオト・タートというカンボジアの高僧たちであった。かれらは、インドシナの首都ハノイの極東学院という研究機関で、フランス人東洋学者からパーリ語、サンスクリット語、インド仏教史などを学んだ［Edwards 2007: 170-182; 笹川 二〇〇九：八一一六］。この経験を通して、西洋近代が生み出した「東洋学」の薫陶を受けたこの二人の僧は、三蔵の深い理解を軽視しているようにみえた伝統的な仏教実践のあり方に疑問を抱くようになった。

かれらは、三蔵に書かれた「律」の内容を再検討し、戒律の徹底を求めて僧侶の立ち居振る舞いや仏教儀礼を「正しい」形に刷新しようとした。儀礼の際に行う読経については、経を単に暗唱するのではなく、経の意味を理解し、クメール語訳を同時に唱えるように主張した［小林 二〇一一a：二八三—二八四］。チュオン・ナートとフオト・タートは、近代クメール語辞典を編纂した中心的人物でもあり、クメール語の正書法を確立した。僧侶という立場からかれらが提唱した正書法は、複数の綴《つづ》りが用いられていた当時のクメール文字を「修正」するものであったが、パーリ語、サンスクリット語起源の語彙の語源がたどれるよう、話し言葉では発音しない綴《つづ》りを残したものだった［笹川 二〇一二：一四四—一四六］。二人の僧は、この事業と並行してクメール語訳を付した三蔵の編纂・刊行を進めることで、国家規模で統一された上座部仏教・クメール語教育制度を整備しようとしたのである。

仏領期のカンボジアとメコンデルタ（当時の名称はコーチシナ）は、インドシナという一つの植民地国家として統合されていた。それゆえ、国家規模の改革は当然、メコンデルタの上座部仏教寺院にも波及することになった。では、当時のメコンデルタの上座部仏教はどのような状況だったのか。

一九二八年に前述の僧フオト・タートはメコンデルタ各地を訪問し、公教育機関として寺院の寺子屋を改組した寺院学校が欲しいかどうか、住民達に問いかけたという。すると、「欲しくない」という回答があり、その理由として、「戒壇が先に必要だ」、「周辺住民にベト人や華人が多くクメール人向けの学校は意味がない」、「仏典を学ぶ者がいない」、「慣習に照らして必要ない」といった意見があったという。チャヴィン省では、プノンペンでパーリ語を学んだ僧がいた一方で、タイ文字を教えている寺院もあったようだ。さらに一九三三年にチュオン・ナートがメコンデルタ各地を訪問した際には、タイ留学経験のある僧侶がいたこと、ベト人のような髪形と服装をしたクメール人在家者がいたことが報告されている［笹川　二〇〇九：一八―一九］。

写真 8-4　かつてコーチシナ・カンボジア人道徳・知識・身体改善協会と仏教研究所支部があった場所。今はそれぞれクメール博物館とソクチャン省愛国サンガ団結会の本部となっている（ソクチャン市にて、筆者撮影）。

このカンボジアの高僧たちはおそらく、メコンデルタの上座部仏教徒について、伝統的慣習や寺院建造物を重視する一方で学校や仏典を不要とする態度、そして周辺の諸民族やタイ仏教に影響を受けている状況を嘆き、クメール系上座部仏教徒として「正しくない」と感じただろう。カンボジアの「正しさ」をメコンデルタに伝達する制度として、ソクチャン省では一九二〇年代から、教員養成として僧侶がプノンペンに派遣され、カンボジアと同様の教育機関として寺院学校が次々と設立された。ソクチャン市中心部には、一九三八年にクメール語教育の支援を中心とする「コーチシナ・カンボジア人道徳・知識・身体改善協会」、一九四三年にはプノンペンに本部がある仏教研究所の支部が設立され、ソクチャン省の上座部仏教徒たちは、制度的にはクメール系上座部仏教とクメール語教育の改革の中心であったプノンペンの影響下に置かれるようになった［下條 二〇二二：一六八―一七二］（写真8―4）。

3 国民国家ベトナムのなかの上座部仏教

もっとも二〇世紀半ばに仏領インドシナが崩壊し、カンボジア、南北ベトナム、ラオスがそれぞれ独立すると、メコンデルタの上座部仏教徒たちは、国民国家である南ベトナム[2]の進める仏教再編や公立学校におけるクメール語教育廃止[3]、ベトナム語教育の普及によって、国境を境にカンボジアの上座部仏教・クメール語教育制度からは切離された。ベトナム戦争[4]（一九五四～一九七五）下にあった南ベトナム国内では、上座部と大乗の違いを問わず、政府に対して宗教政策の改善を求めた仏教徒の抗議活動が各地で頻発していた。仏教徒と政府の対立によって政情不安が高まるなか、一九六三年にカトリック教徒を重視していたゴ・ディン・ジエム政権が、軍のクーデタにより崩壊した。政治的混迷の渦中で、カンボジアとの関係を重視するか、南ベトナム政府体制下で新たに統一的な仏教組織を結成するか、あるいは政府の転覆と南北ベトナム統一を目指す南ベトナム解放民族戦線[5]と協力するかで、複数のクメール系上座部仏教組織の間で意見の相違が起こっていた［下條 二〇二一：一八七―一九九］。

こうした状況のなかでも、地域社会の上座部仏教寺院は、戦争末期に南ベトナムの徴兵が激しくなると、政治的立場や民族を問わず、徴兵から逃れようとする多数の成年男性たちを積極的に受け入れ、一時出家した僧たちであふれかえっていた。背景には、当時それぞれのクメール系上座部仏教組織が、組織間の対立を超えて「兵役免除を含む少数民族権」を政府に要求していたことがある。当時、各地の僧侶たちが少数民族権を認めない政府に対して、たびたび抗議活動を行っていた。たとえば調査村では、当時のソクチャン省の上座部仏教組織に関わっていた僧侶が、徴兵忌避者、ひいては解放民族戦線参加者さえ行政への事前申請を省略して出家することを、黙認していた。

宗教組織、少数民族組織から幅広い支持を得て解放民族戦線に対抗したい南ベトナム政府は、僧侶の反発を恐れ、寺院に深く介入できなくなっていた［下條　二〇二一：二八三―二八七、三一〇―三一三］。

上座部仏教組織間の意見対立は、一九七五年戦争終結直前に主要な上座部仏教指導者層が国外退去し、共産党政府が南北ベトナムを統一して、ベトナム仏教教会の傘下に「愛国サンガ団結会」としてクメール系上座部仏教組織を強制的に編入したことで、一時的に収束した。収束の背景には、第三章でも説明されているように、同時期にカンボジアでポル・ポト政権が仏教を徹底的に破壊したことも関係していた。こうして、一九七五年以前までは紆余曲折を経ながらも細々と続いていたメコンデルタ、カンボジアにおける上座部仏教徒間の組織的な結びつきが、ついに途絶することとなった［下條　二〇二一：三五八―三五九］。

これ以降、一九八〇年代を通じて、メコンデルタで僧衣や三蔵などが慢性的に不足することとなり、またメコンデルタの僧侶がカンボジアへと向かう動きもしばらく途絶えた［下條　二〇二一：三六〇］。しかし、一九九〇年代以降、カンボジアで仏教系学校が次々と開校され、国際社会の支援を背景に世俗教育も活発化し、その情報がメコンデルタにも伝わるようになっていった［Taylor 2016: 284］。すると、メコンデルタのクメール系上座部仏教の僧侶たちのなかには、より高度な上座部仏教、クメール語教育を求め、パスポートを持たずに国境の「裏道」を通過するという「非合法」的な手段で、カンボジアへ越境移動する者が現れ始めた。ベトナム政府は、メコンデルタのクメール系上座部仏教徒がカンボジアと再び結びつきを強め、反ベトナムのクメール・ナショナリストになることを警戒しており、僧侶の両地域間の越境移動を現在まで厳しく制限している。しかし、越境する僧侶はいまだ後を絶たない［下條　二〇二一：四五〇―四五五］。

三　カンボジアにおける仏教改革の受容をめぐる対立

このように大まかな歴史の流れを見ると、メコンデルタとカンボジアのクメール系上座部仏教徒間の結びつきが、何度か断絶を経験しながらも進展していったのは、主に近代以降であることがわかる。現在でも、クメール語の読み書き能力が高い僧侶や出家経験者、カンボジア滞在経験者を中心に、カンボジアとの結びつきを求める声は、一定数存在する。

とはいえ、私がソクチャンの調査村で見聞きしてきた仏教やクメール語の世界は、カンボジアにおける上座部仏教・クメール語教育改革が創り出した「正しさ」の基準を葛藤なく受容してきたようには見えなかった。むしろ、二〇世紀に入って流入してきた「正しさ」の基準は、必ずしもクメール系上座部という属性に規定されない、多様なヴァリエーションを持った仏教と競合・併存してきたように思われる。

そもそも、カンボジアの上座部仏教においても、二〇世紀前半の仏教改革を受け入れた「サマイ（新しい実践）」と、伝統的慣習を維持しようとした「ボラーン（古い実践）」の対立があったことが指摘されている[6]［小林 二〇一一a：二八二―二八六］。この対立はメコンデルタにも波及しており、現在でも地域社会のなかで、わだかまりがくすぶっている。たとえば、私の調査村においてサマイを行っているとされるパー寺では、諸儀礼において僧侶がパーリ語経とともにクメール語訳も唱える。寺院内には一九五〇年にパーリ語学校が設立され、現在でもパーリ語教育が実施されている。一方、もう一つの上座部仏教寺院ブオン寺の方は、ボラーンと言われており、住職もアチャーも、また在家者の寺役職も、儀礼にクメール語訳を唱えることを認めていないという。「修正できない」と述べる者すらいた（写真8―5）。

ボラーンの特徴として、精霊信仰が挙げられる。ブオン寺に通うある高齢の在家者は、人間の両肩には五つの神（テーヴァダー）、すなわち「森、山、石の神」、「沼、湖、池の神」、「海の神」、「樹木、蔦の神」、「川の神」がいると述べた。ブオン寺に通う別の在家者は、神は忠実な仏教徒が信じるもので、悪い人間は信じないとも語った。またブオン寺で出家経験のあるアチャーの一人は、ボラーンの考えでは、人間は土地から生まれたと考えるので、儀礼の際には必ず「土地を請願する」必要があるのだと説明した。

サマイを自認し、パー寺で僧侶としてパーリ語を学んだ経験を持つある在家者は、こうしたボラーンの精霊信仰の考えについて「仏典に基づいていない」と批判的に述べた。彼によれば、ボラーンの僧侶は経を唱える時ゆっくり抑揚をつけて諳《そら》んじ、ありがたみが伝わるよう唱えるが、サマイの僧侶は経を早口で唱え、併せてクメール語で翻訳することで内容を人々に理解させることを重視しているという。さらに彼は、「沙弥（見習僧）が食事の際に右肩の肌をさらしたままだ」とブオン寺の実践を皮肉りもした。

写真 8-5　故人の命日での追善儀礼の様子。招かれたのはボラーンのブオン寺に止住する僧侶たち。前列右端の男性がアチャー（ソクチャン市にて、筆者撮影）。

もっとも、ベトナム戦争時代、パー寺でもサマイとボラーンの対立があったようだ。その時代にパー寺で出家し、ボラーンに属した元出家者たちによれば、ボラーンの僧侶は、印刷物としての仏典ではなく、古くから寺院で受け継がれてきた貝葉《ばいよう》を用いて読経の修行に励んでいたという。

このように、近代カンボジアの仏教改革によってもたらされた実践をめぐる対立の影響が、カンボジアと制度的に切り離されたメコンデルタでは、現在まで残っている。もっとも、その説明と矛盾するようではあるが、寺院で実際に行われている実践は、サマイ、ボラーンいずれかにはっきりと

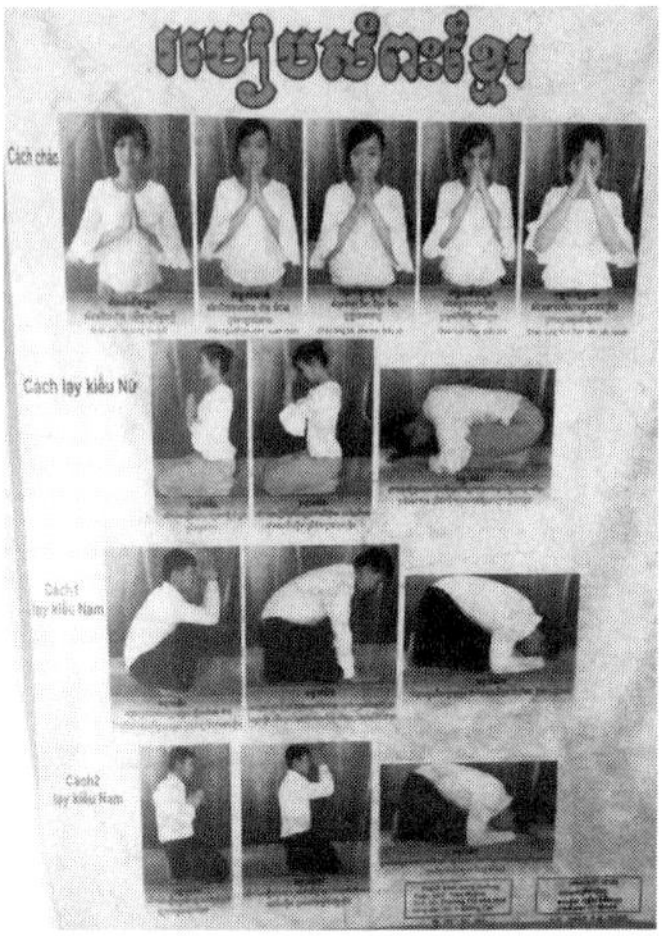

写真 8-6 「クメールの礼法」と書かれたポスター。男女それぞれの「正しい」五体投地の礼法が、クメール語、ベトナム語で解説されている（ブオン寺にて、筆者撮影）。

分類し難しく、「両方（混成）」と言った方が適切だ。たとえば、ボラーンを実践しているとされるブオン寺も、古い貝葉《ばいよう》は一応保管されているものの、寺院の片隅に無造作に置かれている。僧侶たちは、かつてのように貝葉《ばいよう》で経を学ぶことはなく、書物の形態をとる仏教解説書などを通じて上座部仏教を学ぶ。調査時の二〇一一年にブオン寺は、在家者たちの協力を得てプノンペンの仏教研究所で一〇〇冊以上の三蔵を入手していた。ブオン寺の僧侶たちは、かつて改革派が遵守するよう主張した律（ヴィネイ）の学修を重視しており、なかにはパー寺が運営しているパーリ語学校に通ったことがある者さえいた。さらに同寺の僧侶や出家経験者は、かつての仏教改革の中心人物であった高僧チュオン・ナートについて批判めいたことを語るようなことは一切なく、むしろ尊敬の念すら抱いているように見えた。クメール語に関して言えば、ベトナムの国営テレビで一日に数時間放送されるクメール語ニュースや、カンボジア発のラジオ、衛星テレビ放送、インターネット、また書籍などを通じて、ブオン寺、パー寺いずれの寺院に通う者も、「正しい」クメール語の基準がプノンペンにあると考えていたように思われた。つまり、人々はカンボジアから伝播してきた様々な情報を、葛藤しながらも、多かれ少なかれ受容してきたと言えよう（写真8―6）。

興味深いのは、カンボジア発の上座部仏教・クメール語教育制度を受け入れ、利用し、広めてきた人々は、必ずしも、民族的に「クメール人」とは限らなかったことである。たとえば、パー寺に止住し、ソクチャン省で最も高名な僧侶の一人C氏（一九二二年生まれ、調査時点ですでに故人）は、一説には両親ともに中国出身者と言われる華人二世だった。彼は一九五二年にプノンペンの高等パーリ語学校に派遣され、そこで四年間学び、しばらくカンボジア側国境地域の寺院で教育活動に携わった後、一九六二年に帰郷してパー寺のパーリ語学校で教鞭を執るようになったという。また、村落のなかで住民たちに薬を売り歩き処方することを生業とするN氏（一九三七年生まれ）は、父がベト人、母がクメール人という出自を持ち、自身の民族をベト人と認識していたが、ベトナム戦争中にパー寺で出家した後、より高等なパーリ語を学ぶために、越境してプノンペン近郊の寺院に約二年間止住していたと述べる［下條 二〇二一：一〇〇、一七一―一七二］。

カンボジアの上座部仏教・クメール語教育改革は、「正しさ」の基準を、今やベトナム領となったメコンデルタを含む各地にもたらした。メコンデルタの上座部仏教徒も少なからずその影響を受け、だからこそ、自分たちが「正しくない」と考える者もいるのだろう。しかし、「正しさ」の基準を伝播させていた人々は、その出自という観点からすれば、クメール人という属性に規定されない、多様なルーツを持った人々だったのだ。

四　上座部仏教と大乗仏教の狭間で

このように、ベトナムにおいてクメール系上座部仏教に関わっている人々は、必ずしも民族的にクメール人というわけではない。これは、同国でマジョリティ仏教の大乗仏教が、すなわちベト人という民族の仏教というわけではないことと同じである。上座部仏教と大乗仏教は、少なくとも実践や思想という点において大きく異なっているが、日常生活の次元において、調査村の仏教徒たち、特に在家者は、その差異をさほど気にしていないように見えた。とりわけ「華人とクメール人の混血」を自認する人々のなかには、上座部仏教寺院の儀礼に定期的に参加しながら、近隣の大乗仏教寺院にも通う者がいた。二〇〇〇年代後半、調査村では上座部仏教寺院であるパー寺、ブオン寺のすぐ近くに、大乗仏教寺院が三寺（うち尼寺が一寺）建立された。各寺に止住する僧はそれぞれ一人で、敷地や建築物の規模も上座部仏教寺院よりはるかに小さい。しかしそれでも、調査村で大乗仏教寺院は一定の需要があった。実際、二寺（うち一寺が尼寺）の住職は調査村の人々の求めに応じて来寺・就任しており、また一寺の住職は父方祖父が潮州系華人、母方祖父がベト人、父方、母方祖母がクメール人という複雑なルーツで、元々クメール系上座部仏教寺院に在家者として通っていたが、自ら大乗仏教の菜食の実践を求めて大乗仏教寺院を建立し、その住職となったという。

では、どのような人々が大乗仏教を必要としているのだろうか。たとえば、男性T氏（一九五〇年生まれ）は、ベトナム戦争中の一九七一年に出家し、上座部仏教寺院のパー寺、ブオン寺それぞれに止住した後、一九七三年に還俗した。二〇一〇年には、在家者の積徳業として、ブオン寺で実施されたカタン祭（カティナ衣奉献祭）の施主を務め、寺院に多額の布施も行っている。同時に、彼は大乗仏教寺院にも通い、そこで経の読み方も勉強している。この理由について「ベトナムの寺にもクメールの寺にも行く。仏教は一つさ。ブオン寺、パー寺のすぐ近くにある大乗仏教寺院はいずれも菜食を実践するんだ。一日に三食、食事ができるんだよ」と彼は語る。ベトナムでは、菜食は敬虔な大乗仏教徒の間で好まれる実践であり、在家者のなかには日常生活において月に数日、あるいは一切肉食しない者もいる。都市部を中心に菜食実践者用の食堂やレストランが数多く存在する。このように自身の選好する日々の仏教実践に応じて、T氏のように上座部、大乗両方の寺院に通う者がいた。

さらに、女性R氏（一九四八年生まれ）は、二〇一一年にブオン寺でカタン祭の施主を務めたが、彼女によれば、二〇〇六年に一四日間だけホーチミン市のある大乗仏教寺院で尼僧として出家し、ベトナム語で記述された経を学修したと語る。彼女は、ベトナム戦争中、サイゴン（現ホーチミン市）やフエの富裕層宅で家事手伝いとして働いた経験があり、ベトナム語能力が高い。一方で、クメール語は、母語であるものの、読み書きはできない。プノンペンに暮らす弟に会いに行った時も、住民たちの話す言葉の一部が理解できなかったという。大乗仏教寺院では女性も出家が可能であることや、本人の言語能力により、彼女は上座部仏教寺院のみならず、大乗仏教寺院にも関わってきた。

T氏、R氏いずれも、上座部仏教寺院でカタン祭の施主を務めるほど敬虔な仏教徒ではあるが、大乗仏教寺院での菜食や尼寺での出家、そして経の読み方の学修は、日々の生活のなかでの具体的な積徳行為として実感しやすい実践なのかもしれない。それに加え、調査村において一九四五年以降に生まれた人々の多くは、公立学校でベトナム語を学んだ経験があるため、ベトナム語のアルファベットで書かれた仏典は自らの識字能力を活かして学修しやすいのだろう。

こうした事例を説明すると、クメール系上座部仏教がベトナムの大乗仏教に侵食されつつあると考える読者もいるかもしれない。だが、上座部仏教が元々上座部仏教徒ではなかった人々に影響を及ぼしている例もある。調査村から離れた事例ではあるが、ホーチミン市に二つ存在するクメール系上座部仏教寺院について少し触れておこう。そこに通う仏教徒たちは、クメール語を母語とする者のみならず、ベトナム語話者も多い。こうしたベトナム語話者のために、僧侶たちは、儀礼を進行する際、おそらく多数の在家者が理解不能な「ありがたい」パーリ語経を唱え、在家者に復誦《ふくしょう》させるとともに、クメール語、ベトナム語を巧みに使い分けて説法を行っていた。ホーチミン市という巨大都市において、クメール系上座部仏教寺院は、メコンデルタの上座部仏教徒やカンボジアの出稼ぎ労働者たちの拠り所としての役割を担っているものの、全体からみれば明らかにマイノリティ宗教である。より多くの人々に寺院に集い、布施を定期的に行ってもらうには、多言語に対応する必要がある。地域環境に応じて実践を柔軟に運用することを通じて、都市部の上座部仏教はそこに通う在家者を確保している。

メコンデルタのクメール系上座部仏教徒は、このように複数の言語に精通しているため、遠方に移動しても、

写真 8-7　プノンペンのある上座部仏教寺院の様子（プノンペンにて、筆者撮影）。

状況に応じて多様な実践を行うことが可能である。プノンペンで訪問したある上座部仏教寺院で、私はそのことをあらためて実感した。その寺に止住するメコンデルタ、チャヴィン省出身のクメール人僧侶（一九七四年生まれ）は、二〇〇〇年から二〇一三年にかけ、マレーシアのクランタン州に渡り製鉄工場で働いた経験を持つ。帰国後、兄弟が暮らすカンボジアのバッタンバンへと渡ってある寺院で出家し、しばらくしてからこのプノンペンの寺にやってきたという。ちょうど私がこの僧侶と話していた時、ベトナムのカントー市からプノンペンへやって来たベト人の男性とその家族が訪問した（写真8―7）。聞けば、男性は木材加工会社の社長で、男性の妹がプノンペンに在住しているという。彼は健康維持と商売繁盛を祈願しに、この僧侶のもとにやって来たと語った。来訪者夫婦が紙幣とコーヒー豆を寄進し線香をあげると、僧は、漢字で「祖位、神位」（祖先と土地神）と刻まれた祭壇の方を向き、線香をあげて祈祷した。そして来訪者に向かって聖水をふりまき、風水の考えに基づいて日付の良し悪しと健康の秘訣をベトナム語で指南した。来訪者たちは、これを聞いて満足気な様子でその場を立ち去っていった。

ベトナムにおいて、クメール人、なかでも出家経験者は、その特別な呪術を持ってして、縁結びや不治の病の治癒など、日常生活のなかの解決し難い様々な問題に解決策を与える存在とみなされることがある［下條二〇二二：四八四―四九〇］。ベトナムのなかにあってクメール系上座部仏教が創り出す世界観は、民族や出身地、そして仏教の差異を問わず、人々によって必要とされてきたのである。

おわりに

メコンデルタの上座部仏教寺院は、いわゆるクメール的な建築様式ではあるものの、戒壇の壁や柱に中華的な絵画が描かれていたり、漢字やベトナム語のアルファベットが随所に刻まれていたり、異種混淆的な様相を呈した寺院が多い（写真8―8）。それは、寺院で生活するサンガ（出家者集団）が、様々なルーツを持つ在家者によって布施を得てきたことを示している。歴史を振り返ると、メコンデルタはその地域環境を背景に、近代以前から単一の国家や制度に完全には包摂されない要素を持っていた。そこへ各地から多様な背景を持った人々がやってきて互いに接触し合うなかで、上座部仏教には無数に土着の実践が生まれる余地があった。近代以降、メコンデルタに暮らす人々のなかには、「正しい」上座部仏教・クメール語教育制度やそれに基づく移動経験、様々なメディアを通じて、カンボジア、なかでもプノンペンを中心と考える者が増え始めた。すると、そこから伝播してきた上座部仏教の「正しさ」の基準をめぐって、地域社会の伝統派と改革派の間で摩擦が起こるようになった。同時に、ベトナムのマイノリティ宗教として、国家による庇護をあまり期待できない地域環境のなかで、上座部仏教は、民族や仏教の差異を問わず、絶えず多方面から様々な実践を取り入れ、土着の実践と折り合いをつけてゆくことで、より多くの人々を

写真 8-8　ソクチャン省の中心的寺院クレアン寺の戒壇内部。左端の柱には鯉と龍の絵が描かれ、また漢字で「禹門」（右読み）という文字が書かれている。「禹」は、洪水を治めたといわれる古代の聖人。「禹門」は、禹が切り開いたとされる黄河上流の急流「龍門」の別称。「登龍門」は、龍門を登りきった鯉が龍になって天に登ったという伝説に由来する（ソクチャン市にて、筆者撮影）。

寺院に引き寄せてきた。「正しさ」のあり方をめぐって葛藤する保守的な姿勢と、周囲の環境に応じて多様な実践を吸収し折衷していく柔軟な態度が両立してきたからこそ、メコンデルタの上座部仏教は、植民地化や国民国家成立、そして戦争や社会主義によって大きな変化を迫られながらも、地域社会において一定の影響力と権威を保ち、多数の人々によって支えられ続けてきたのである。

注

（1）たとえば、ベトナムの国語はクォック・グー（quốc ngữ）という。ベトナム語のアルファベット表記は、仏領期を契機に普及し、独立後も正式な表記法として定着したが、クォック・グーが日本語の「国語（こくご）」と音の響きが似ていることからわかるように、元をたどれば多くのベトナム語が漢字に由来する。

（2）ベトナムは、一九五四年ジュネーヴ協定により北緯一七度線を境に南北に分断され、一九七五年ベトナム戦争終結により統一された。南ベトナムは主にベトナム共和国（一九五五～一九七五）のことを指す。

（3）一九六〇年、南ベトナムの内務省は、国内に複数存在したクメール系上座部仏教組織の統一を掲げる「原始仏教会」の設立をチャヴィン省で承認した。同仏教会の設立の趣旨には、「政府とクメール人との間を仲介し、政府の主張と道理を滞りなく広め」ることが含まれていた[Lê Hương 1969: 171-172]。内務省は、従来カンボジアの仏教会と連絡を取り合っていた各省の様々な上座部仏教組織を一つに束ね、政府直属の大衆動員組織に転換することを意図していた[下條　二〇二一：一八八]。同時期、ソクチャン省では、クメール語教育支援を行っていたコーチシナ・カンボジア人道徳・知識・身体改善協会が、南ベトナム政府機関の「クメール局」に改組され、さらに公立学校でのクメール語教育が禁止された［Ban Tuyên giáo Tỉnh ủy Sóc Trăng 2005: 91］。

（4）狭義には、北ベトナム（ベトナム民主共和国）および南ベトナム解放民族戦線と、南ベトナムおよびアメリカとの戦争。広義には、冷戦を背景に、南ベトナム、カンボジア、ラオスの親米・反共政府およびそれに軍事介入したアメリカに対し、ソ連・中国の支援を受けた北ベトナムおよび各国の革命（共産主義）勢力が約二〇年にわたってゲリラ戦を展開した戦争。米軍撤退後の一九七五年、南ベトナム、カンボジア、ラオスで革命勢力が次々と首都を制圧し、戦争は終結した。

（5）一九六〇年、南ベトナム国内において反仏独立勢力であった旧ベトミン参加者を中心に結成された。設立には、北ベトナムが深く関わっていた。

（6）カンボジア、コンポントム州コンポンスヴァーイ郡において小林が二〇〇〇年に実施した調査によれば、カンボジア内戦前にボラーンの実践を行っていた寺院の多くが、調査時点では、サマイ、ないしは「両方（混成）」と答えた。各寺院における仏教実践は、元々はそれぞれ個別の環境のなかで行われていたが、ポル・ポト政権期の断絶とその後の人民革命党政権の統制という共通の経験を通じて、「同じ方向の変化を方向付けられ、現在はより似通ったかたちを示すようになった」という［小林　二〇一一b：四二三―四二四］。

参考文献

［日本語］

小熊英二
　一九九八『〈日本人〉の境界――沖縄・アイヌ・台湾・朝鮮　植民地支配から復帰運動まで』新曜社。
グルー、ピエール（村野勉訳）
　二〇一四『トンキン・デルタの農民――人文地理学的研究』丸善プラネット。
小林知
　二〇一一a「カンボジア仏教の歴史と現在」『新アジア仏教史04　スリランカ・東南アジア　静と動の仏教』奈良康明・下田正弘・林行夫編、二七二―二九四頁、佼成出版会。
　二〇一一b『カンボジア村落世界の再生』京都大学学術出版会。
笹川秀夫
　二〇〇九「植民地期のカンボジアにおける対仏教政策と仏教界の反応」『Kyoto Working Papers on Area Studies』八五巻、一―二七頁。
　二〇一二「二〇世紀カンボジアにおける言語政策――正書法と新造語をめぐる議論を中心として」『アジア太平洋討究』一八号、一四三―一六六頁。
下條尚志
　二〇二一『国家の「余白」――メコンデルタ　生き残りの社会史』京都大学学術出版会。

［外国語］

Ban Tuyên giáo Tỉnh ủy Sóc Trăng［ソクチャン省行政委員会宣伝委員会］

2005　*Truyền thống Đấu tranh Cách mạng của Đồng bào Khmer Tỉnh Sóc Trăng (1930-1975)*［ソクチャン省クメール人革命闘争の伝統（一九三〇～一九七五年）］. Sóc Trăng［ソクチャン］. Phòng Nghiên cứu Lịch sử Đảng［党歴史研究室］.

Tổng cục Thống kê［統計総局］

2020　*Kết quả toàn bộ: Tổng điều tra Dân số và Nhà ở Năm 2019*［全結果―二〇一九年人口・住居総調査］. Hà Nội［ハノイ］: Nhà Xuất bản Thống kê［統計出版局］.

Edwards, Penny

2007　*Cambodge: The Cultivation of a Nation, 1860-1945*. Honolulu: University of Hawaiʻi Press.

Le Hương

1969　*Người Việt gốc Miên*［クメール系ベトナム国民］. Sài Gòn［サイゴン］: Tác giả xuất bản［著者個人出版物］, tại Thư viện Khoa học Xã hội, Viện Khoa học Xã hội vùng Nam Bộ［南部社会科学院、社会科学図書館所蔵］.

Li Tana

2005　The Eighteenth-Century Mekong Delta and Its World of Water Frontier. In *Việt Nam: Borderless Histories*. eds. Nhung Tuyet Tran & Anthony Reid. 147-162. Madison: The University of Wisconsin Press.

Société des Études Indo-Chinoises

1904　*Géographie Physique, Économique et Historique de la Cochinchine: Fascicle 11 Monographie de la Province de la Province de Sốc-Trăng*. Saigon: Imprierie Commerciale Ménard & Rey.

Taylor, Philip

2016　Searching for a Khmer Monastic Higher Education in Post Socialist Vietnam. In *Connected & Disconnected in Vietnam: Remaking Social Relations in a Post-Socialist Nation*. ed. Philip Taylor. 273-310. Acton: ANU Press.

特別コラム　スリランカ

杉本良男

スリランカは仏教の総本山として広く世界的に知られている。現存する最古の伝統、上座部分別説部を奉じていることから、ゴータマ・ブッダの時代に近い純粋仏教、原始仏教の伝統を保持しているとして仏教関係者の尊敬を集めている。分別説部は上座部が分裂した中の一派であるが、現在では上座部の代名詞のようになっている。しかし、実際スリランカを訪れるとそのような理想像とは離れた現実を見ることになり、これは正しい仏教ではない、などと外から余計な批判が浴びせられることもある。スリランカの仏教は、前三世紀にインドから初めて伝来したとされているが、その後の歴史の中で有為転変をとげているのはある意味当然である。そのような変転のなかで、東南アジア仏教世界との関係もつちかわれてきた。

ランカー島（スリランカ）への仏教の伝来は、デーワーナンピヤティッサ王の時代に、インド、マウリヤ朝のアショーカ王が派遣したマヒンダ長老によってはたされたとされる。その年代には諸説あるが、学術的には前二四三年説が最有力である。デーワーナンピヤティッサ王は寺院を建立し土地を施与して僧侶を保護し、仏教を広めていった。つまり、サンガ（僧伽）は王権の物質的な保護を受けながら、ブレーンとして王権を精神的に守護するという相互依存関係を基本とする「仏教王権」のかたちをとってきた。このような、王と僧との相互依存関係を仏法が支えるという三元構造は東南アジアの仏教王権にも共通している。

スリランカには当初上座部分別説部の教えが伝えられたのであるが、その伝統が二〇〇〇年以上にわたって連綿とまもられてきたというわけではない。アヌラーダプラ時代（前四世紀～一〇一七）の紀元前後までに大寺（Mahavihara）派（nikaya）と無畏山寺（Abhsayagirivihara）派が対立し、さらに祇多林寺（Jetavanavihara）派がわかれて三派鼎立状態になった。その後、大乗仏教やヒンドゥー教が入り、のちにはイスラームやキリスト教なども入って、仏教は何度も断絶、再建を繰り返してきた。中国の僧法顕（三三七～四二二年）の『仏国記』には大乗仏教の存在が記されており、そのころ上座部の伝統がいったん跡絶えていたと考えられる。大寺派は三派の中では大乗の影響を排し分別説部の伝統を守っていたとされる。その後仏教中興の祖と言うべきポロンナルワ王国のパラークラーマバーフ一世（在位一一五三～一一八六年）が大寺派を再建して上座部の伝統が正統化された。一方タイやビルマ（ミャンマー）にはすでに上座部仏教が入っていたが、この時代に大寺派の影響が及び、東南アジアでもそれが仏教の主流となっていった。

ポロンナルワ王国が一三世紀に入って急速に衰えると、王権は象徴である仏歯を保持しつつ各地を転々としたが、一四一二年に西海岸部のコーッテ王国が正統王権の地位を得た。この間サンガも衰退し、イスラームやキリスト教の勢力拡大がこれに追い打ちをかけた。その後、中央高地を本拠としたウダラタ（キャンディ）王国のウィマラダルマスーリヤ一世（一五九〇～一六〇四）がビルマのサンガの助力によってサンガを再建した。しかし、仏教王権としてのウダラタ王国は、キリスト教やヒンドゥー教なども保護するようになり、ふたたび仏教サンガは消滅の危機をむかえた。そしてついに一七二九年にサンガは消滅したが、その後再びタイ、ビルマからの助力を得てサンガの再建がはかられた。

　一七五三年には、タイ・サンガのウパーリ師の協力によってシャム派が再建されたが、これは現在もスリランカの最大宗派で、ウダラタ（キャンディ）王権との関係が強かった。とくに中央高地には、王立大寺院（Raja Maha Viharaya）の名を冠したシャム派寺院が広く分布していて、タイ（シャム）との関係を物語っている。一方、アマラプラ派（Amarapura Nikaya）はシャム派僧侶が上位カースト、ゴイガマ（農民）出身者のみにほぼ限定されていたのに反撥して、主に海岸部の新興カースト、とりわけサラーガマ・カーストの肝いりで、ビルマ・サンガの協力を得て一八〇〇年に再建された。さらに、ラーマンニャ派（Ramanna Nikaya）もまたビルマ・サンガの援助により、やはり海岸部の新興諸カーストが中心となって一八六四年に結成された。

　スリランカのカースト制はインドほどの数、規模はないものの、ゴイガマが人口の約半数を占め、支配的な地位を保っている。また中央高地は王国の支配体制に組み込まれていたが、海岸部は一六世紀以降植民地化され、南西インドから移ってきたサラーガマなどの新興カーストが力を持っていた。その影響がサンガにも及んでいたのである。サンガの再建以後、これら三つの宗派が鼎立していたが、二〇一九年にビルマ系の二つの宗派が統合されて

スリランカ仏教略年表

前 483 年？	ブッダ入滅
前 243 年？	上座分別説部伝来
	大乗仏教の影響
4 世紀ごろ	大寺派、無畏山寺派、祇多林寺派鼎立
12 世紀	大寺派再建、正統化、東南アジアへの影響
15 世紀	サンガ消滅
1600 年前後	ビルマ・サンガの協力でサンガ再建
1729 年	セイロン（スリランカ）・サンガの消滅
1753 年	シャム派の旗揚げ、サンガの再建
1800 年	アマラプラ派結成
1864 年	ラーマンニヤ派結成
	アナガーリカ・ダルマパーラによる仏教改革
1956 年	シンハラ・オンリー政策
1983 年	シンハラ・タミル宗教・民族紛争
2019 年	アマラプラ・ラーマンニャ派に統合

写真1　マハヌワラにあるシャム派マルワッタ支派の総本山の内部。手前左右に支派の当時の最高幹部が並んでいる。（1986年、杉本良男撮影）

アマラプラ・ラーマンニャ派となった。

　スリランカの上座部仏教には、日本などの大乗仏教とは違い、出家僧侶と在家信者との間に厳密な区別がある。出家した僧侶は得度式（出家式）によってそれまでの社会的なつながりを絶ち、戒名をもらって僧侶コミュニティ（サンガ）に入って寺院、僧院で暮らす。得度式には一〇歳前後の少年がのぞむが、このとき親への感謝を示したのち剃髪すると親がこの沙弥にひれ伏して贈物をさしだすという劇的な瞬間がある。戒名には出身村の名前が入っていて「何何村のなにがし」（例えば、ヒッカドゥワ出身のヒッカドゥウェー・スマンガラ）という名乗りになる。僧侶は基本的に、生産活動を禁じられていて、私有財産をもたず、食事も信者に依存する。かつて夏の降雨シーズンのみは寺院に食事を運んでもらう「雨安居」という習わしがあったが、いまでは年を通じて村の在家信者に交替で食事を届けてもらうのが普通である。

　スリランカにはタイのような托鉢僧の姿は余り見られないし、また一時出家制度ももたない。ただ、修行の途中で脱落（還俗）する僧はあって、村人になにかと知識を授けたり、ときには俗人の儀礼に参加したりする。

　スリランカからタイ、ビルマにかけては、パーリ経典を読誦して災いをはらうパリッタとよばれる護呪経（守護）儀礼が行われる。スリランカではピリットとよばれて家庭レベルから国家的儀礼まで広く行われている。スリランカでよく行われるのは徹夜の儀礼で、正式には僧侶が交替で明け方まで読誦し、昼まで続けられる。一方、俗人のピリット（ギビ・ピリット）は還俗者や篤志の信者が読誦を行うものである。東南アジアのパリッタとの大きな違いは、ベラワーと呼ばれる呪術的な鼓手カーストが行う悪霊払いの儀礼と同様の構造を持っていることである。南インドからスリランカにかけて、鼓手のカーストは地位は高くないものの、強い呪術的な力を持つとされている。ベラワーは、鼓手であるとともに悪霊払いなども行うカーストである。

スリランカの仏教は基本的に王権などの肝いりで創建された仏教施設に僧侶が住まい、その生活を保証されてきた。仏教施設は、村の仏教寺院（ウィハーラ）と森の中の僧院（アーランニャ）に大きく二分されるが、村の寺院が圧倒的多数を占めている。僧院は上座部本来の修行が主体であるが、村の寺院は村人との交流をもち、またその支援もうけている。こうした説法主体の「村の仏教」（村住）と修行主体の「森の仏教」（林住）は、サンガを二分する議論を繰り返してきた。それは、つねに、森の仏教が村の仏教を堕落を批判する形の仏教改革として現れてきた。しかし、現在も仏教の主流は圧倒的に村住である。

写真２　スリランカのピリット儀礼。ピリット囲いの中に僧侶が入り徹夜で読経を続ける。囲いの入口で鼓手（ベラワー）カーストが開始を告げている。（1984年、杉本良男撮影）

村の寺院の大きな役割は、村の仏教儀礼を行うことである。仏教はとくに葬式と年忌に深く関わっている。葬式は、遺体が二、三日家に止められ、きれいに飾って「公開」されたのち、埋葬地に運ばれる。そこまで行列を作って遺体を運んで葬送儀礼を執り行う。さらに七日め、三カ月め、一年め、その後の年忌などにさきののべたピリット儀礼が行われる。

サンガ再建後の仏教は、伝統的なかたちとは異

写真３　古都マハヌワラの仏歯寺。手前が八角堂。左奥はウダラタ王国時代の王宮跡で寺院と王権との密接な関係を示している。（2017年、麻田玲氏撮影）

なった展開を見せる。それは、古くからの村と森の対立を超えたいわばプロテスタント化が進んだからである。伝統的な上座部仏教は出家と在家の区別が厳しく、仏教の戒律などは僧侶の集団にのみ適用されていた。信者は特定の日にそのまねごとはするものの、つねにそうしなければならないわけではなかった。逆にサンガ内部の権力構造や宗派の別は信者には基本的に関係ないことであった。

仏教のプロテスタント的改革は、二〇世紀に入ってアナガーリカ・ダルマパーラ（一八六四〜一九三三）を中心に進められた。ダルマパーラは、仏教の近代的改革を進めるとともに、人口の約七割を占めるシンハラ仏教徒を中核にした強烈なシンハラ仏教ナショナリズムを主導した。その理念は生存中には実現しなかったが、独立後の仏教ナショナリズムに決定的な影響を与えた。プロテスタンティズムをモデルとしたプロテスタント的改革においては、呪術的要素が斥けられてブッダ一仏信仰が奨励された。さらに、僧侶だけでなくむしろ信者の方にさまざまな戒律の遵守が求められた。こうして、仏教内部の宗派の違いはおろか、仏教徒というアイデンティティさえからも遠かった信者が、〇〇派、〇〇教徒といった自覚を持たされるようになったのである。

一方、僧侶の側でも村の生活に関わるだけでなく、知識人としての性格によって政治に関わる場合も珍しくなかった。とくに、アナガーリカ・ダルマパーラの没後政治活動に加わったいわゆる政治比丘が登場してかなり過激な活動も行った。その中の一人ワルポラ・ラーフラ師（一九〇七〜九七）は、一九四六年に『仏教の遺産』

を公刊した。この書は学術的にも参照されたが、一九五六年のS・W・R・D・バンダーラナーヤカによる仏教ナショナリスト的な「シンハラ・オンリー」政策のバックボーンともなった。シンハラ・オンリーは、シンハラ語を国語に、仏教を国教にしようとする動きで、人口の一二パーセント余りを占めるタミル・ヒンドゥー教徒などからの反発を招いた。

イギリスから独立したセイロン（スリランカ）ははじめ仏教を特別扱いにはしなかったが、一九五六年に誕生したS・W・R・D・バンダーラナーヤカ首相は、強硬なシンハラ仏教至上主義をとり、ここにダルマパーラの理念が現実化した。ただ、バンダーラナーヤカ首相が、僧侶によって暗殺（一九五九年）されたことにより、ラーフラ師らが主導した仏教の政治化の流れは一時下火になった。しかし、政治にコミットする僧侶は、とくに一九八〇年代からシンハラ、タミル間の民族紛争が加熱するなかで、反タミルの急先鋒として再び脚光を浴びた。タミル人は紀元前からスリランカに住んでいたヒンドゥー教徒である。もともとシンハラとの民族的対立は激しいものではなかったが、独立後それが表面化してきた。

マドゥルワーウェー・ソービタ師（一九四二〜二〇一五）は、ラーフラ師の次に現れた政治的僧侶のスターである。すでに一九七〇年代から、八三年暴動でのタミル人襲撃のかげの黒幕とされるキリル・マシューとともに反タミル・キャンペーンの先鋒となっていた。ソービタ師は強硬なシンハラ仏教ナショナリストであったが、アジテーターに徹して政治には直接関与しなかった。一方、二〇〇四年には仏教僧侶のみがメンバーの反タミル的な「国民遺産党」（JHP：Jathika Hela Urumaya）が結成され、同年の総選挙で九議席を獲得した。

シンハラ・ナショナリストであったとはいえ、その余りの強硬姿勢が批判の対象になったマヒンダ・ラージャパクサ大統領は、再選を目指した二〇一四年選挙で引きずり下ろされたが、背後ではソービタ師、それに国民遺産党が暗躍したとされている。スリランカのシンハラ仏教は、植民地支配と近代国家体制のもとで、ナショナリズムの核となってきたが、独立後は国内の他宗教、他民族との関係のもとで、一部が過激なまでに政治化している。その力は大統領選挙の帰趨を左右するまで拡大しているのである。

《もっと知りたい読者への推薦図書》

石井米雄
一九七五『上座部仏教の政治社会学』創文社。
川島耕司
二〇〇六『スリランカと民族――シンハラ・ナショナリズムの形成とマイノリティ』明石書店。
杉本良男
二〇一五『スリランカで運命論者になる――仏教とカースト制が生きる島』臨川書店（フィールドワーク選書14）。
二〇二一『仏教モダニズムの遺産――アナガーリカ・ダルマパーラとナショナリズム』風響社。
杉本良男・高桑史子・鈴木晋介（編）
二〇一三『スリランカを知るための58章』明石書店。
奈良康明
一九七九『仏教史Ⅰ　インド・東南アジア』（世界宗教史叢書7）山川出版社。
前田惠學（編）
一九八六『現代スリランカの上座仏教』山喜房佛書林。

おわりに

和田理寛

上座部仏教徒の社会について関心や理解を深めてもらえただろうか。

第一章では基本的な知識を紹介した。業報思想が人々の行動に広く影響を与えている面や、在家者と出家者がはっきり区別されていること、仏像にみるゴータマ・ブッダ信仰などは、現代日本と大きく異なっている。一方、現実はこうした理念通りに行われているとは限らない。他人への慈悲、故人への回向、仏像の個性など、私たちの考え方と重なる部分も多くある。

第二章は出家者の生活について執筆者の経験を紹介した。普段目にすることのあまりない、寺院での日課や修行について垣間見ることができたのではないか。もちろん地域や寺が異なれば出家生活にも違いがある。他の出家体験記と比べたり、あるいは行動力のある人は自分自身で出家したりすることで、理解を深めてはどうだろう。

第三〜八章は国・地域ごとの特徴をまとめた。執筆者によってそれぞれ注目している点に違いがあり、また読者によっては関心のある章だけ読んだという人もいると思う。そのため、これらの章（とくに第三〜七章）でどんなテーマを扱ってきたか、部分的ながら今一度ここでまとめておきたい。加えて、地域間比較を含め、もっと探究したいという人のために問いの一例を示しておいた。

精霊について。仏教はインドからスリランカを経て東南アジアに伝わったあと、その地にもともとあった精霊信仰などの土着の要素とどのような関係を築いてきたのか。四章タイと五章ラオスはこのテーマを取り上げた。精霊と仏教は喧嘩することも共存することもある。総じて仏教優勢であるが、精霊だって負けてはいない。本書では取り上げなかったが、カンボジア、ミャンマー、徳宏にも精霊がいて仏教と関わっているので調べてみてほしい。

教育について。かつて仏教寺院は学校であった。三章カンボジアと五章ラオスでみたように、現在は、経済的に貧しい家庭の子どもが、普通教育を受ける手段として見習僧に出家することがある。他の国や地域でもこうした現象はみられるのか、あるいは過去にみられたのか。教育と経済格差をめぐる問題として比較してみるのは有意義だろう。またミャンマーでは、少数民族の僧たちが母語（書き言葉）の教育活動を行っている。他の国・地域でもこうした少数言語の継承において寺院が重要な役割を果たすことがあるのだろうか。成功や失敗があるとすればなぜか。こちらも比べてみると面白そうだ。

政治について。上座部仏教は国家や政治と関わっている。そして、その関わり方は国ごとの違いが大きい。カンボジア、ラオス、中国の徳宏は、いずれも国が仏教を抑圧もしくは弾圧した過去がある。とくにカンボジアでは、仏教僧が全て還俗させられ、一度いなくなってしまった。そうした状況から仏教はいかに立ち直ったのか。またその経験はどのような影響を現在に及ぼしているのか。また、タイは国による僧の統制が強いが、ミャンマーでは反対に僧は世俗権力からある程度自立している。僧の政治参加という点では、ミャンマーやカンボジアのように僧が反政府運動に参加することもあれば、タイやラオスのように権力への批判的態度があまりみられない国もある。カンボジアでは僧も選挙権をもつが、タイとミャンマーでは僧の選挙権はない。タイでは、国が公認していない比丘《びく》尼《に》に選挙権を認めるかどうか、現場任せで曖昧な状態にあるとの情報もある。こうした政治と仏教の関係については、国・地域間の比較とともに、今後の変化にも注目したい。

平地と山地について。五章ラオスでみたとおり、上座部仏教が多数派を占める国であっても、山地では平地より仏教徒が少ないことが多い。本書では主に平地社会を扱ってきたが、山地と仏教の関係も興味深いテーマだ。例えば、現在の山地社会ではキリスト教、イスラーム、仏教のそれぞれが宣教活動を行っているが、これらはどんな影響を及ぼしているのか。また、仏教のカリスマ僧は山地社会でも人気を博してきたが、それはなぜだろうか。

在家者について。在家者が地域の共同儀礼に大きな役割を果たしていることもある。出家者が少なく寺に僧がいないことも多い徳宏では、ホールーと呼ばれる在家者が仏典を朗誦している。カンボジアでは、移動性の高い僧に対して、地域に根差した寺院アチャーという在家者が都市や村の仏教にとって欠かせない存在となっている。また、本書では十分取り上げなかったが、正式な出家者と認められていない女性修行者たちが、地域の仏教実践のなかでどのような活躍をしているかも重要だろう。加えて、ミャンマーや徳宏の章で登場した仏塔も、在家者の信仰の場としての一面をもっている。こうした在家者中心の仏教実践や儀礼に注目することは、僧を中心とする理解とはまた違った視点を提供してくれるに違いない。

さて、本書は入門であり、今、門をくぐりぬけてきたところだが、このまま入口付近で立ち止まっているのは、少々もったいなくはないだろうか。せっかくだからもう少し奥まで進んでみたいと思う人が一人でもいれば、本書も存在意義があったといえるかも知れない。幸い、日本語で読める上座部仏教徒社会の研究文献はそれなりの蓄積がある。この本でとりあげなかったテーマや論点も数多い。優れた本や論文がたくさんあるので探してみよう。

もうひとつ、上座部仏教徒社会に身をおいてみることを強くおすすめしたい。観光で寺院を訪れたら、邪魔しない範囲で現地の人に声をかけてみても良いかも知れない。言葉を交わし、また儀礼を見学させてもらえれば、理解が深まるだけでなく、新たな疑問も生じるに違いない。本書とのズレもきっと見つかるだろう。自分自身の体験と、他人の経験である先行文献の内容とを往復しながら、考えることを止めない楽しさを味わってみてはどうだろう。

ちょうど本書のまとめを書いているとき、タイから新しいニュースが入ってきた。忙しいあなたに代わり、托鉢僧への寄進を「代理します」という新手のビジネスが話題になっているらしい。これで早起きが苦手な人も功徳が積めるそうだ。確かに論理的にはお金を出している依頼者が功徳を獲得できそうだが、果たしてタイ社会はこれをどう受け止めるのだろうか。

上座部仏教徒たちは古き伝統をただ反復しているだけではない。今、この文章を読んでいる瞬間にもきっと何か新しいことが起きている。上座部仏教徒の社会はこれからどこへ向かうのか。本書は将来を占うことはできない。皆さん自身がその目撃者となり、SNSや学校のレポートを使って、この本の続きを書き進めてほしい。

追記

〈さらに学びたい人のために——読書案内〉

導入としては、石井米雄『タイ仏教入門』（めこん、一九九一年）と、一九九八年放送のNHKスペシャル『ブッダ大いなる旅路』（DVDのほか書籍もあり）を勧めたい。近年は待望の『上座仏教事典』（めこん、二〇一六年）が刊行され、用語の理解や探索にあたり大変便利な環境が整った。

研究書としては、地域横断的な編著であれば、①石井米雄編著『講座 仏教の受容と変容2——東南アジア編』（佼成出版社、一九九一年）、②田辺繁治編著『実践宗教の人類学——上座部仏教の社会』（京都大学学術出版会、一九九三年）、③林行夫編著『〈境域〉の実践宗教——大陸部東南アジア地域と宗教のトポロジー』（京都大学学術出版会、二〇〇九年）、④奈良康明・下田正弘編集委員、林行夫編集協力『静と動の仏教（新アジア仏教史04 スリランカ・東南アジア）』（佼成出版社、二〇一一年）、⑤櫻井義秀・外川昌彦・矢野秀武編著『アジアの社会参加仏教——政教関係の視座から』（北海道大学出版会、二〇一五年）などがある。

またこのほかにもたくさんの研究論文が学術雑誌や編著のなかで発表されている。そして何より読んでほしいのは、膨大な資料や現地社会と長年向き合いながら編まれたモノグラフである。こちらも多くの著作が刊行されている。

〈謝辞〉
本書の制作にあたっては松下幸之助記念志財団・松下幸之助国際スカラシップからご支援を賜った。また、風響社の石井雅さんと古口順子さん、恩師、家族、そして東南アジア、雲南、スリランカの現地の方々によるお力添えとご協力なしに本書が世に出ることはなかった。お世話になった多くの皆さまにこの場を借りて心から感謝申し上げる。

タイ語	ラオ語	徳宏タイ語	ミャンマー語	モン語（Mon）
พระ / ภิกษุ プラ／ピクス	ຄູບາ / ພະສົງ / ພິກຂຸ / ພະ クーバー／パソン／ピク／パ	ᥓᥝᥰ ᥓᥣᥢᥳ/ᥛᥧᥢ ᥓᥣᥢᥳ ザウ･ザーン／モン･ザーン	ဘုန်းကြီး /ရဟန်း ポウンジー／ヤハン	လကျာ် / ခမိ レチャイッキ／ハモイ
บิณฑบาต ビンタバート	ບິນທະບາດ ビンタバート	ᥞᥣᥛᥴ ᥔᥧᥛᥳ ハーム･ソム	ဆွမ်းခံ スン･カン	စ်ပိဏ္ဍပါတ် チャオ･ピンナパート
ออกพรรษา オーク･パンサー	ອອກພັນສາ オーク･パンサー	ᥟᥧᥐᥴ ᥝᥣᥴ オック･ワー	သီတင်းကျွတ် ダディンジュ	လိုက်ဝှ် ライッキ･ウォフ
พุทธ プット	ພຸດ プット	ᥙᥣᥳ ᥘᥣᥳ (ᥙᥦᥢ ᥓᥝᥰ) パーラー（ペンザウ）	ဘုရား/မြတ်စွာဘုရား パヤー／ミャッソワ・パヤー	ကျာ်တြဲ チャイッキ･クロア
เจดีย์ チェーディー	ທາດ タート	ᥐᥧᥒᥳ ᥛᥧᥳ コンムー	ဘုရား / စေတီ パヤー／ゼーディー	ကျာ်စေတိ チャイッキ･チェートイ
เณร / สามเณร ネーン／サーマネーン	ສາມະເນນ, ຈົວ サーマネーン、チュア	ᥓᥝᥰ ᥔᥣᥢᥴ ザウ･サーン	ကိုရင် コーイン	ထပို ハポイ

主要語彙対照表

	原語について補足 *p.*：パーリ語 *s.*：サンスクリット語	意味	カンボジア語
僧、比《び》丘《く》	［*p.* bhikkhu］ ［*s.* bhikṣu］	正式な手続きを経て出家した20歳以上の男性（227戒の戒律を守る）	លោកសង្ឃ/ព្រះសង្ឃ/ភិក្ខុ ローク･ソン／プレアハ･ソン／ピコ
托鉢する	［*p.* piṇḍapāta］	出家者が人家などを回り食の施しを受けること	បិណ្ឌបាត バンバート
出《で》安《あん》居《ご》、出《しゅつ》安《あん》居《ご》	［*p.* vassa］ ［*s.* varṣa］ 「出」は現地語	雨安居の最終日を告げる年中行事	ចេញវស្សា チェン･ヴォッサー
ブッダ、仏陀	［*p.* buddha］		ព្រះពុទ្ធ プレアハ･プット
仏塔《ぶっとう》	［*p.* cetiya］ ［*p.* dhātu］		ចេតិយ チェッダイ
見習僧、沙《しゃ》弥《み》	［*p.* sāmaṇera］		សាមណេរ サーマネー

タイ語	ラオ語	徳宏タイ語	ミャンマー語	モン語（Mon）
เข้าพรรษา カオ·パンサー	ເຂົ້າພັນສາ カオ·パンサー	ᥝᥣᥱ ワー	ဝါ ワー	ဝှ် ウォフ
กรวดน้ำ クルアット·ナーム	ຢາດນ້ຳ ヤート·ナム	ᥕᥣᥖᥱ ᥘᥛᥳ ヤーット・ラム	ရေစက်ချ イェーゼッ·チャ	စရိုဟ်ဍာ် アロフ·ダイッキ
โบสถ์ / อุโบสถ ボート／ウボーソット	ສີມ / ອຸໂບສົດ シム／ウボーソット	ᥔᥤᥛᥱ シム	သိမ် テイン	သီ セーム
ทอดกฐิน トート·カティン	ທອດກະຖິນ トート·カティン	ᥙᥨᥭᥲ ᥐᥢᥱ ᥖᥤᥢᥱ ポイ·カンティン	ကထိန်ပွဲ カテイン·ボエ	လလးကထိုန် アレへ·カトーン
สึก / ลาสึกขา スック／ラーシッカー	ສິກ シック	ᥖᥣᥐ ターック	လူထွက် ルー·トウェッ	ရာံ レーム
ฆราวาส/อุบาสก カラーワート／ウバーソック	ອຸບາສົກ / ຄະລາວາດ ウバーソック／カラーワート	ᥖᥣ ᥐᥣᥱ ターカー	ဒကာ ダガー	ခရှ် カロフ
ฆราวาส/อุบาสิกา カラーワート／ウバーシカー	ອຸບາສິກາ / ຄະລາວາດ ウバーシカー／カラーワート	同上	ဒကာမ ダガーマ	同上
วันพระ ワン·プラ	ວັນສິນ ワン·シン	ᥝᥢᥲ ᥔᥤᥢᥴ ワン·シン	ဥပုသ်နေ့ ウボウ·ネ	တ္ၚဲသီ ンゴア·ソイ
ทำบุญ タム·ブン	ເຮັດບຸນ ヘット·ブン	ᥞᥦᥖᥱ ᥘᥨᥢ ᥘᥤ ヘット·ロンリー	ကုသိုလ်ပြု クドー·ピュ	ပကုသိုဝ် パ·カオソー
บวช ブアット	ບວດ ブアット	ᥞᥣᥛᥱ ᥛᥨᥢ ハーム・モン	ရဟန်းခံ ヤハン·カン	ပခမိ パ·ハモイ
同上	同上	ᥞᥣᥛᥱ ᥔᥣᥢᥱ ハーム·サーン	ရှင်ပြု シンピュ	ပထပိုဲ パ·ハポイ
แม่ชี メーチー	ແມ່ຊີ, ແມ່ຂາວ メーシー、メーカーオ	ᥘᥣᥭᥲ ᥞᥣᥝᥴ ラーイハーウ	သီလရှင် ティーラシン	သီလ ソイラ

主要語彙対照表（本書に登場する主な仏教語の表記を対照した）

	原語について補足 *p.*：パーリ語 *s.*：サンスクリット語	意味	カンボジア語
雨安居《うあんご》、安居《あんご》	[*p.* vassa] [*s.* varṣa]	雨季の3か月間、僧が一か所に定住して修行すること	វស្សា ヴォッサー
回向《えこう》儀礼	いずれも「水を垂らす・注ぐ」といった意味の現地語	得た功徳を他者に転送すること	ស្រោចទឹក チュローイ·タック
戒壇《かいだん》、布薩堂《ふさつどう》	[*p.* vihāra] [*p.* uposatha] [*p.* sīmā]	僧の重要な儀礼（出家式、布薩、自恣など）を行う場所	វិហារ ヴィヒーア
カティナ衣《え》奉献祭	[*p.* kaṭhina]	雨安居を終えた僧に対して在家者が特別な僧衣を献上する年中行事	បុណ្យកឋិន ボン·カタン
還俗《げんぞく》する		出家者が出家者であることをやめ、俗人（在家者）に戻ること	សឹក サック
在家者（男性） 優婆塞《うばそく》	[*p.* upāsaka] [*p.* gharāvāsa]	出家していない人のこと	ឧបាសក ウバーソック
在家者（女性） 優婆夷《うばい》	[*p.* upāsikā] [*p.* gharāvāsa]	出家していない人のこと	ឧបាសិកា ウバーシカー
持戒日、布薩日《ふさつび》、仏日	[*p.* sīla] [*p.* uposatha] 「〜日」は現地語	僧が布薩儀礼を行い（満月と新月）一部の篤信在家者が五戒や八戒を守る日	ថ្ងៃសីល トゥガイ·サル
積徳《せきとく》、積徳《しゃくとく》	[*p.* puñña] [*p.* kusala] 「積む」（作る）は現地語	善行を為し功徳を積むこと	ធ្វើបុណ្យ トゥヴー·ボン
出家する （比丘出家）		僧になること	បួស ブゥオッ
出家する （沙弥出家）		見習僧になること	同上
女性修行者		剃髪し、八戒や十戒を守りながら集団生活する女性の修行者のこと	ដូនជី / យាយជី ドーンチー／イェイチー

1956年	スリランカ	シンハラ・オンリー政策
1958年	中国	大躍進政策（～1960年）により出家者減少
1960年代	ベトナム	ベトナム戦争（第2次インドシナ戦争）拡大
1962年	ミャンマー	クーデタにより軍人支配ないし軍人が大きな影響力をもつ政治体制がはじまる（～現在まで）
1966年	中国	文化大革命（～1976年）により仏教弾圧
1975年	ベトナム	ベトナム戦争終結 翌年、ベトナム社会主義共和国樹立（～現在）
	ラオス	ラオス人民民主共和国成立（～現在） 宗派2派の統合
	カンボジア	ポル・ポト政権樹立（～1979年） あらゆる宗教活動が禁止され、寺院や仏像の破壊、僧侶の強制還俗が行われる
1979年～	カンボジア	ポル・ポト時代に断絶した仏教の復興へ
1980年	ミャンマー	本格的なサンガ管理開始 公認9宗派の制定
1981年～	徳宏	文化大革命により断絶した仏教実践の復興へ
1981年	ベトナム	国家公認宗教団体「ベトナム仏教教会」が設立され、クメール系上座部仏教組織も編入される
1983年	スリランカ	シンハラ・タミル宗教・民族紛争
1988年	ミャンマー	大規模な反政府・民主化運動
1989年	カンボジア	出家年齢制限の撤廃
1991年	カンボジア	宗派2派の区別を復活
1996年、1998年	スリランカ	スリランカの女性修行者が比丘尼に出家。のちタイなど他地域における上座部仏教の比丘尼復興運動へとつながる
2007年	ミャンマー	大規模な反政府デモに多くの出家者が参加
2011年	ミャンマー	「民政」移管（～2021年1月）
2017年	タイ	サンガ法の部分改正後、国王がサンガ王を選出
2019年	スリランカ	アマラプラ・ラーマンニャ派に統合

関係年表

1729年	スリランカ	セイロン（スリランカ）・サンガの消滅
1753年	スリランカ	シャム派の旗揚げ、サンガの再建
1779年	ラオス	タイの王朝（トンブリー朝）の侵攻をうけ、エメラルド仏とパバーン仏を奪われる
1782年	タイ	バンコク王朝（ラタナコーシン朝）成立（～現在）
1800年	スリランカ	アマラプラ派結成
1826年	ミャンマー	第1次英緬戦争の結果、イギリスが南西のアラカンと南東のタニンダーイーを植民地化
1830年頃	タイ	モンクット（のちのラーマ四世）が仏教改革運動を開始。のちにタンマユット派へと発展（1881年より公認）
1852年	ミャンマー	第2次英緬戦争の結果、イギリスがミャンマー南部全体（下ビルマ）を植民地化
1854年	カンボジア	タイからタンマユット派（トアンマユット派）を導入
1864年	スリランカ	ラーマンニャ派結成
1886年	ミャンマー	第3次英緬戦争の結果、イギリスが全土を植民地化。王朝滅亡
1887～1945年	ベトナム カンボジア ラオス	仏領インドシナとして、フランスはベトナムとカンボジアを植民地化。1899年、さらにラオスを併合
1888年	ラオス	チャンパーサックにタイから伝わったタンマユット派寺院が建立される
19世紀末	スリランカ	アナガーリカ・ダルマパーラによる仏教改革（～20世紀初頭）
1893年	タイ	初のタイ文字パーリ三蔵の出版
1902年	タイ	初の近代的サンガ法発布。国による僧官制度の整備はじまる（サンガ法はのち1941年と1962年に改正）
1915年	カンボジア	フランスがパーリ語学校をプノンペンで開校
1946年	ベトナム カンボジア ラオス	第1次インドシナ戦争勃発
1948年	ミャンマー	イギリスより独立
1949年	中国	中華人民共和国の成立
1953年	カンボジア ラオス	フランスより独立
1954年	ベトナム カンボジア ラオス	第1次インドシナ戦争が終結し、フランス撤退 ベトナムが南北に分断され、ベトナム戦争（第2次インドシナ戦争）へ
1954～1956年	ミャンマー	仏典結集

関係年表

年代	地域	本書に関連する事項を中心に
前 400 年前後？	インド	ブッダ入滅（亡くなる） ＊上座部仏教の伝統では前 544 / 543 年とされる
前 243 年？	スリランカ	上座分別説部伝来
紀元前後	インド	大乗仏教（新しい仏教運動）はじまる
1 世紀末	パキスタン	仏像がつくられはじめる
4 世紀	スリランカ	大寺派、無畏山寺派、祇多林寺派が鼎立
4 世紀頃	ミャンマー	先住ピュー人の国家（～ 9 世紀）が仏教を受容
6 世紀頃	日本	仏教伝来
6 世紀頃	タイ	先住モン人の国家ドヴァーラヴァティー（～ 11 世紀）が仏教を受容
802 年	カンボジア	アンコール王朝（～ 1431 / 32 年）創建。ヒンドゥー教や大乗仏教を受容
11 世紀頃 （8 世紀説もあり）	タイ（北部）	先住モン人の国家ハリプンジャヤ（～ 13 世紀末）創建。仏教を受容
1044 年	ミャンマー	パガン王朝（～ 1287 年）創建。ヒンドゥー教、大乗仏教、上座部仏教を受容 パガン王朝崩壊後、ミャンマーの各王朝は上座部仏教を受容
12 世紀	スリランカ	大寺派再建、正統化、東南アジアへの影響
13 世紀	タイ	スコータイ王朝（～ 1438 年）創建。上座部仏教を受容
1296 年	タイ（北部）	ランナー王朝（～ 1933 年）創建。上座部仏教を受容 ＊ 1558 ～ 1774 年はミャンマー王朝の支配を受ける
13 世紀	徳宏と その周辺	ムン・マーウ王国（～ 15 世紀半ば）が勢力を伸張
1308 年	カンボジア	シュリーンドラジャヤヴァルマン王による上座部仏教サンガへの寄進について示すパーリ語碑文が刻まれる
1351 年	タイ	アユタヤ王朝（～ 1767 年）創建。上座部仏教を受容 アユタヤ王朝崩壊後もタイの各王朝は上座部仏教を受容
14 世紀半ば	ラオス	ランサン王国（～ 19 世紀末）創建。カンボジアから仏典や仏像がもたらされたと伝わる
15 世紀	スリランカ	サンガ消滅
16 世紀～	カンボジア	歴代王権が上座部仏教受容
1560 年	ラオス	ルアンパバーンからビエンチャンへ遷都
1600 年前後	スリランカ	ビルマ（ミャンマー）・サンガの協力でサンガ再建

写真・図表

ヤ

ラ・ワ

マ

タ

ナ

ハ

サ

索　引

ア

カ

著者紹介（掲載順）

和田理寛（わだ　みちひろ）

1984 年生まれ。

京都大学大学院アジア・アフリカ地域研究研究科博士課程修了。

現在、神田外語大学外国語学部講師。

主な業績として、『民族共存の制度化へ、少数言語の挑戦——タイとビルマにおける平地民モンの言語教育運動と仏教僧』（風響社、2016）、“The Third Nikāya-like Order in Thailand: Rāmañña Dhammayuttika, an Unknown Ethnic Mon Order throughout the 20th Century”（『パーリ学仏教文化学』第 33 号、2019 年）などがある。

小島敬裕（こじま　たかひろ）

1969 年生まれ。

京都大学大学院アジア・アフリカ地域研究研究科博士課程修了。

現在、津田塾大学学芸学部国際関係学科教授。

主な業績として、『中国・ミャンマー国境地域の仏教実践——徳宏タイ族の上座仏教と地域社会』（風響社、2011）、『国境と仏教実践——中国・ミャンマー境域における上座仏教徒社会の民族誌』（京都大学学術出版会、2014）などがある。

大坪加奈子（おおつぼ　かなこ）

1977 年生まれ。

九州大学大学院人間環境学府博士後期課程単位取得退学。

現在、佐賀大学国際交流推進センター国際コーディネーター。

主な業績として、『社会の中でカンボジア仏教を生きる——在家修行者の経験と功徳の実践』（風響社、2016 年）、「政教関係と寺院の社会活動——カンボジア南東部村落を事例として」（『宗教と社会』第 23 号、2017 年）などがある。

増原善之（ますはら　よしゆき）

1963 年生まれ。

タイ国チェンマイ大学人文学部歴史学科修士課程修了。

現在、島根県立大学松江キャンパス人間文化学部准教授。

主な業績として、Prawattisat Setthakit khong Ratchaanacak Lao Lan Chang Samai Kritsattawat thi 14 -17〔14 ～ 17 世紀ラオス・ランサン王国経済史〕（Matichon, Bangkok, 2003, タイ語）などがある。

下條尚志（しもじょう　ひさし）

1984 年生まれ。

京都大学大学院アジア・アフリカ地域研究研究科博士課程修了。

現在、神戸大学大学院国際文化学研究科准教授。

主な業績として、『戦争と難民——メコンデルタ多民族社会のオーラル・ヒストリー』（風響社、2016）、『国家の「余白」——メコンデルタ　生き残りの社会史』（京都大学学術出版会、2021）などがある。

杉本良男（すぎもと　よしお）

1950 年生まれ。

東京都立大学大学院社会科学研究科社会人類学専攻博士課程単位取得退学。

国立民族学博物館名誉教授。

主な業績として、『スリランカで運命論者になる——仏教とカースト制が生きる島』（臨川書店フィールドワーク選書 14、2015）、『ガンディー——秘教思想が生んだ聖人』（平凡社新書、2018）、『仏教モダニズムの遺産——アナガーリカ・ダルマパーラとナショナリズム』（風響社、2021）などがある。

東南アジア上座部仏教への招待

2021 年 10 月 15 日　印刷　　ISBN978-4-89489-304-7　C0014
2021 年 10 月 25 日　発行

著　者　和　田　理　寛
小　島　敬　裕
大　坪　加奈子
増　原　善　之
下　條　尚　志
杉　本　良　男

発行者　石　井　雅
発行所　株式会社　風響社
東京都北区田端 4-14-9（〒 114-0014）
Tel 03（3828）9249　振替 00110-0-553554
印刷　モリモト印刷
Printed in Japan 2021